Вершитель Мудрости, благослови
Свет Разума, который Дух пробудит,
Вселенским ликом истинной Любви
Зажги его в душе —
и Бог в тебе пребудет.

*Александр Вольный*

# ВСЕЛЕННАЯ ДУШИ

*Собрание сочинений в трех томах*

# СЦЕНА МИРА

*Том 1*

Художественное издание

# Александр Вольный

# ВСЕЛЕННАЯ ДУШИ

*Том 1*
**Сцена мира**

Редактор и корректор Оксана Козаченко

Дизайнер Игорь Женченко

© Александр Вольный 2025

© Svarog Books 2025

www.svarog.nl

ISBN: 978-1-80484-205-8

Эта книга защищена авторским правом. Никакая часть этой публикации не может быть воспроизведена, сохранена в поисковой системе или передана в любой форме или любыми средствами без предварительного письменного разрешения издателя, а также не может распространяться в любой форме переплета или обложки, кроме той, в которой она опубликована, без наложения аналогичного условия, включая данное условие, на последующего покупателя.

*Портрет Александра Вольного*

*Вселенская душевная благодарность
моей маме — Тамаре Павловне Матвеевой за лучезарный
свет ее идей, разделение всех моих мировоззренческих
взглядов, титанический труд в создании письменного и
печатного варианта книги, многолетнюю кропотливую
помощь и поддержку, священную любовь, неустанную заботу
и веру в мое творчество.*

*Светлая память моему дорогому Ангелу-Хранителю,
бабушке — Вере Дмитриевне Матвеевой за ее душевную
доброту, ласку, нежность и неустанную заботу.*

*Выражаю безмерную душевную благодарность
моим дорогим друзьям: Ларисе Кадочниковой,
Сергею Нечипоренко, Владимиру Кисляку,
Оксане Козаченко, Николаю и Виктории Егоровым,
Александру Никулину, Василию Кушерцу, Сергею
Загороднему, Игорю Шпаку, Валерии Питениной, Валентину
Багнюку, Владимиру Коляде, Александру Гамалею,
Владимиру Арутину, Владимиру Милькову,
Игорю Горяному, Олегу Волкову, Степану Болотенюку,
Валентине Плавун, Рустему Жангоже, Галине Лавриненко,
Владимиру Жовниру, Александру Бокию, Сергею Авраменко,
Владимиру Карбачу, Светлане Спорыш,
Валерии и Николаю Романченко, Виктору и Елене Юрченко
за благородство, проявленное в настоящей искренней
дружбе, многолетнюю поддержку, веру в мое дело,
истинное понимание и неустанное содействие
в продвижении моего творчества в жизнь.*

# ПРЕДИСЛОВИЕ

*П*редставляя вниманию читателей собрание поэтических произведений Александра Вольного, выскажу несколько предварительных замечаний общего характера, относящихся к его поэзии, которые и позволили мне выступить с такой смелой инициативой.

Поэзия Александра Вольного — это мощный энергетический поток личности, в котором слово-пазл складывается в целостную эпическую картину воспроизведенного поэтом окружающего его (и нас, читателей) мира. По своему накалу и стремлению к всеохватности, поэзия А.Вольного имеет тоталитарный характер. Создаваемый им образный ряд может пленить, или, напротив, оттолкнуть, но ни в коем случае не оставит читателя равнодушным, потому что сам поэт, словно древний сказитель, решительно выходит за пределы эмпирического ряда описываемых им событий и фактов, выводя формулу неразрывного единения и равнозначности персональной судьбы человека с потоком трансцендентного и исторического времени.

В моем понимании, поэзия сродни камланию шамана — поток ритмизированных слов необязательно семантически артикулированных, направлен на создание атмосферы, в которой фактор и механизм воздействия поэтического сообщения становится неотъемлемой частью сознания и восприятия слушающего.

Поэзия А.Вольного имеет противоположное определение — поэт властно берет читателя выверенной до мельчайших деталей, четко звучащей речью — обращением к его сознанию, как к сознанию рефлектирующего субъекта, способного осознавать себя неотъемлемой и активно действующей частью исторического процесса. В этом смысле поэзия А.Вольного имеет адресный характер.

Основным вкладом Александра Вольного в современную культуру стало, по моему мнению то, что поэт аллегорическим языком классической поэзии раскрыл основные вехи человеческой истории в ее культурном и художественно-эстетическом выражении. Его творчество дышит ключевыми моментами эпох, где наиболее адекватно отражены события социального характера — от смены правящих режимов с трагедиями миллионов людей, до поворотных изменений в плане осмысления человечеством своей миссии в Мироздании. Описывая многообразие Вселенной, он применил синергетический подход, благодаря чему добился аутентичных определений основных духовных и физических компонентов Бытия. В его произведениях впервые прозвучало описание Вселенной языком классической научной поэзии.

Благодаря погружению в морфологию и фонетику художественного слова, поэт властно входит в сознание своих современников, ищущих новые ориентиры в динамически меняющемся этно-историческом и культурном пространстве мира — пространстве, в котором протоисторические пласты прошлого и реалии современного мира с его прорывом в Трансцендентность Мега Бытия, приобретая черты Всеобщности, устремляются навстречу друг другу.

Эти встречные потоки создают совершенно иное, нежели в линейном описании событий, погруженных в поток времени, эмоциональное и интеллектуальное поле, ощущать и осознавать свою причастность к которому, жить в нем, как в своей органической среде, стало для нового поколения Человечества высшим определением духовности.

Какие бы темы не затрагивал Александр Вольный, его поэзия всегда несет в своем содержании несмываемую печать глубоко личного отношения к миру. Это и мощный пафос, и неожиданные аллюзии, построенные на звуковых и социокультурных сопоставлениях и смещениях этнолингвистического, исторического и духовного пространства, в которых пульсирует энергия жизни.

Поэтические тексты Александра Вольного буквально вспарывают устоявшиеся стереотипы яркими и точными образами, раскрывая глубинную сущность исторического прошлого. В них едкая, обезоруживающая ирония, направленная против всякой серости, замшелости сознания и самодовольства, не изведавшего подлинной свободы духа, органически сочетается с устремлением Слова поэта к универсальности Мега Бытия, зовет читателя к нему.

Поэт осознал, что его эксклюзивный вклад в мировую культуру состоит в тщательной проработке и актуализации ресурсов, лежащих в глубинных пластах человеческого духа, обладающего абсолютной информацией первоистоков во всех генерационных причинно-следственных уровнях Жизни и, в конечном счете, в переосмыслении своей личности в максимально широкий и емкий континуум человеческой культуры, в ее историко-эволюционном развитии, с целью достижения истинных духовных ценностей.

Все это сохранилось в древних традициях протоистории человеческой цивилизации и приходит к нам через имплементацию знаний в культурную ткань современности.

Творчество Александра Вольного намного опередив свое время, тем не менее, осуществляет конструктивную попытку революционного воздействия на восприятие историко-культурного процесса и места в нем человека, формируя этим генерацию людей, способных стремится к созданию духовного пространства свободы.

В представленной вниманию читателя подборке поэтических текстов, автор предлагает лексическую матрицу, основа которой кроется в глубинных тектонических пластах Истории человеческой цивилизации, в ее ретро- и перспективном измерении. Отражая созидательную деятельность Человечества, как прогрессивную формацию Мироздания, поэт показывает духовное многообразие и подлинность мира людей в его полифоническом состоянии, глобальным расширением горизонтов познания Вселенной. Это свойство придает творчеству Александра Вольного статус философски-духовного провидения.

Понимание поэтических посланий Александра Вольного проходит через осознание миссии Человечества во Вселенной и места каждой личности как активного субъекта динамично развивающейся, живой системы. Именно это стремление правдиво и с предельной полнотой воспроизвести интуитивно угадываемую общую картину жизни, с объективной необходимостью «стучащего в дверь будущего», подвело Александра Вольного к поэтическому переосмыслению пути становления современности.

*Рустем Жангожа,*
*доктор философских наук, профессор,*
*Член союза писателей Украины,*
*Член Международного ПЕН-клуба*

Среди космической системы
Являя мирозданный смысл,
Мы — главы истинной поэмы
С лирическим named названьем «Жизнь».

# ЛИКИ ИСТОРИИ

*Не быть в людях добру,
пока философы не станут царями
или цари — философами.*

Платон

*Алела Вечности Заря,
Являя тягостные годы,
Высоконравственно даря
Благоговение свободы.*

*Цари на яростных пирах
Швыряли недоедки нищим,
И прозябал безликий прах
На погребальных пепелищах.*

*Сознание пленяла страсть,
Возжаждавшая зрелищ, хлеба,
Где ликовала злая власть,
Не принимающая неба.*

*Судьба губила свод надежд
Немыслимо фатальным роком,
Неугомонностью невежд
Являясь низменным пороком.*

*Среди неистовых вождей
Царила вечная проблема,
И возникала вновь дилемма
Всесилия в борьбе идей.*

И мир преображался в зле,
Где кляли безысходность люди...
Так было на сией Земле,
                А в будущем... —
Все Бог рассудит!

# ТОРЖЕСТВО ЗЛА

*Всю свою планетарную историю человечество находится в состоянии войны.*

*Перед разверзнутою бездной,*
*В буянии коварных дней,*
*Все ожиданье бесполезней*
*И беснование сильней.*

Мирозданье умолкло речами,
Жизнедейственно замирая,
Только Бог золотыми лучами
Притворил двери ясного Рая.
Он священной душой сокровенно
Помогая духовному свету,
Озарил в темноте вдохновенно
Сотворенную словом планету.
И увидел Владыка Эфира,
Что посредством
              греховной лавины
Цепь гармонии вечного мира
Разорвалась
            на две половины.
Неустанно с реальностью споря,
В лоне Жизненного Океана
Появились вселенные горя,
Поглощенные бездной обмана.
Обречением жуткого часа —
Ненасытность коварной химеры.

Боже,
          нет здесь амбиции Марса
И любовной интриги Венеры.
Люди, сутью безверия злого
Пресыщая порочное тело,
Превратили Господнее Слово
В сатанинское подлое дело.
Полоумья лихое затменье,
Беснованье инстинктов вольготных
Обратило в шальные мгновенья
Нас навек в состоянье животных.
Заросли мирозданные тропы,
Приводящие к светлому счастью,
И клокочут бесовские топи
Посреди рокового ненастья.
Кто немыслимо гулко взывает
Необъятно бездонной утробой?
Это Смерть стервенея вскипает
Ненавистною ярою злобой.
Ненасытно лютующий голод
Созидание дерзостно рушит.
Неужели безжизненный холод
Согревает коварные души?
Кто стенает в кошмарных оттенках
На подмостках воинственной сцены?
Это Правде
          в тюремных застенках
Обреченье порезало вены.
Правит дьявола злое затменье
Над великой природой Созданья,
Где проклятье на благословенье
Налагает печать покаранья.
Повсеместно тяжелые вздохи

Мирозданной божественной меры,
Где История дарит эпохи
Многоликой космической эры.
Исчезает блаженство на свете
В негодяйством пропитанных душах,
Где кощунства неистовый ветер
Беснованьем сознание рушит.
Изощрением Жизни и Смерти
Управляет Вселенская Вечность,
Где глаголет святой круговертью
Назидания звездная млечность.
Заполняет портал небосвода
Благодати святое знаменье —
Там, где вечно сияет Свобода,
Выражая свое откровенье.
Горсть похлебки —
                испорченный завтрак.
На безумно коварной планете
Ты сегодня умри, а я — завтра,
Повстречаемся мы на том свете.
Время злобой неистовой вьется
В демонически яростной силе,
Ведь почить всем фатально придется
В планетарной глубокой могиле.
Поразили ужасные беды
Бесконечным своим прокаженьем,
Где ликуем всевластьем победы
Да горюем своим пораженьем.
Расплодилась лихая зараза
Сумасбродной экземой шальною.
Вся планета —
              одна метастаза
Нерадивой природой людскою.

Залпы пушек становятся громче,
Разливая кошмар
    по Вселенной,
Где с тщеславною злобой порочной
Изощряемся алчностью пленной.
Даже благословенной любовью,
Что из сердца произрастает,
Не спасти эту Землю, что кровью
Ежедневно в боях закипает.
С неуемным пристрастием смерти
Бесконечность поломанных судеб
Проявляют в лихой круговерти
Окаянные подлые люди.
Не избавиться нам от пороков —
Их в сознании не убывает,
И становится меньше пророков,
Коих гнусный народ убивает.
Зло несется
    по нашей планете
С ненавистно-неистовой мздою,
Как бесовский ничтожащий ветер
Сатанинской безумной ордою.
Величайшим истоком познанья
Мы постигли в мирской круговерти,
Что рождаются наши созданья
Для мучительной, яростной смерти.
Люди глохнут
    от взрывов фугасов,
Солнце меркнет
    при свете напалма,
Где летят смертоносные массы
Ежедневным неистовым шквалом.
Повсеместно дымятся руины,

Что наделаны злыми вождями,
И в полях прорастают лишь мины,
Пулевыми политы дождями.
Властелины, лихими веками,
Распаляясь душой ошалело,
Посылают войска за войсками
Совершать ратоборское дело.
«Сумасбродные, злые пилаты,
Накопившие деньги войною», —
Проклинают тиранов солдаты
Изнуренной своею душою.
Искалеченных сколько повсюду,
Сколько раненых,
              сколько убито —
Неустанно лихие иуды
Собирают смертельное мыто.
Многоличием ясного света
Шар летит с оглушительным воем,
Из прекрасной цветущей планеты
Превращаясь в ядро боевое.
Опьяненные яростным смерчем,
Обуянные жуткою смутой.
Неужели становится легче
Сатанински-безумной минутой?
Бесовщин торжествует затменье,
Где, измаянно благословляя,
Обещают святое спасенье
Всем в обители светлого Рая.
Музу взяли прицельно на мушку
В полоумной сией круговерти,
Где ревут демонически пушки,
Извергая исчадие смерти.

Все живем мы
   немыслимо мало
Благодатной надеждой святою,
Создавая свои арсеналы
Бесконечною жуткой войною.
Созерцает народ перемены
Ненавистным
    деяньем кошмарным,
Изувеченный пагубным тленом
Да пропитанный смрадом угарным.
Величайшей «всемирной любовью»
Всю историю пишут подложно
Летописцы продажною новью,
Изощряясь сознаньем ничтожно.
Упоенна планета смертями,
Искалечена силой убойной.
Поколение ляжет костями,
Отразив бесконечные войны.
Всюду залпов слышна канонада,
Повсеместно царит разрушенье,
На кругах полоумного ада
Продолжаются наши сраженья.
Только злом,
    нашим душам присущим,
Совладать не сумеем с собою,
Ведь не нужно беднеть простодушьем,
Богатея чужою бедою.
Мы забудем тяжелое бремя,
Отвергая священные нравы,
И великое светлое время
Нам покажет, насколько мы правы.
Ненасытностью промышляют

Беспросветно шальные невежды —
Там, где яростно убивают
Ожиданья последней надежды!
Конфликтуя извечно с врагами
Демонической силою пленной,
Мы становимся злыми богами,
Управляя земною вселенной.
Жизнь замкнется порочною цепью,
Убивая лихими делами,
Ведь коварной душою ослепли,
Истрепавшись своими телами.
Первобытной природой шальною
В Мирозданьи
                живут все без толку,
Где орет полоумие злое
Ненасытностью яростных волков.
Бесконечною цепью походы —
Нет величественней идеалов,
Чем идти, покоряя народы,
Чередою воинственных шквалов.
Зло на судьбах,
             коварством разбитых,
Ухмыляется, как император.
Чем помпезней гора тел убитых —
Тем почетнее будет диктатор!
Ненавистною лютью лихою
Выражаем тщеславные грезы.
Разучились летать мы душою,
Зато как все научены ползать!
Послесловием жутких угаров
На развалинах — черная копоть.
Как в скоплениях ярых кошмаров,
Распаляется дерзкая похоть.

Управляет кощунственный идол
Ненасытным стремлением плоти,
Где смеется поверженный Ирод
В сатанинском порочном болоте.
Слышишь, Боже, там кто-то стенает,
Разрывая железные стропы?
Это снова Христа распинают
Ненавистные зверские толпы.
Совершая лихое насилье
Поглощающей страстной утробой,
Мы не знаем духовную силу,
Пропитавшись немыслимой злобой.
Беспросветно неистовой ночью
В демоническом безвременьи
Изощряемся лютью порочной,
Нагоняя на разум затменье.
Полоумьем воинственных шквалов
Торжествует жестокость часами.
Лучше жить беснованьем шакалов,
Чем служить благородными псами.
На кругах безрассудного ада
Уступает судьба бездорожью,
Где скитается голая Правда,
Пораженная мерзкою ложью.
Даже веру Твою обратили
В бесовское орудие страха.
Люд блуждает в космической пыли
По останкам телесного праха.
Искаженные яростью лица
Стервенеют безумною новью,
Где пылают костры инквизиций,
Закипая безвинною кровью.
В лоне жутко кошмарной рутины

Беспросветно трепещущей нотой
Неуемно пищат гильотины
И скрипят на ветру эшафоты.
Осквернили святые иконы
Беснованьем неистово мерзким.
Разве нет в Мирозданьи закона,
Что покончит с земной мясорезкой?
Ужас бродит кромешным ненастьем,
Пролагая стезю самосуду.
Даже беды становятся счастьем,
Если горе разлито повсюду.
Неприкаянность жутко стенает
На побоищах дикого века,
Где намеренно алчность стирает
Образ Личности у Человека.
Неужели истерзанным ликом
Вера брошена
     страху в подножье,
Или Правда святая поникла,
Пораженная низменной Ложью?
Как неистово-гнусные черти,
Все сидят в сатанинском болоте,
Променяв изначально Бессмертье
На лихие пристрастия плоти.
Дух Господний планету обвеет,
Он лампаду надежды не тушит,
И опять неприкаянно реют
Над огнем прегрешенные души.
Небывалое горе на свете
Заставляет в отчаянье падать,
Где скитается по планете
О родных незабвенная память.

...Сколько в прошлом народа убито,
И в грядущем — безмерно поляжет.
Шар несется по кругу орбиты,
Проклиная день прожитый каждый.
Мчится ярость коварною тенью,
Поглощая благое сознанье,
Безрассудностью злого забвенья
Возвещая исход Созиданью.
Сколько раз Бог хотел Мирозданье
Уничтожить карающим ладом,
Но вращается Рая созданье,
Обуянное яростным адом.
Он не думал,
          эфир сотворяя
С величайшей блаженностью нежной,
Что природа людская земная
Станет явно безумно-мятежной!
Неприемлема светлая небыль
В лоне злобной космической стужи.
Не глядим на вселенское небо —
Звезды можно увидеть и в луже!
Этот мир с беснованием мысли
Проявляется зверским оскалом
Кривизны искореженных истин —
Сатанинским безумным началом.
Миллиарды уходят безвинно,
Потеряв оскорбленную правду, —
Бесконечная эта рутина
Ненасытного жуткого ада.
Груды праха
          на горах развалин,
Где меняем века на мгновенья,

Пронося между звездных окраин
По Земле боевые знаменья.
Величайшим кощунственным смыслом
В бесконечной лихой круговерти
Отстранили всевластие жизни,
Изощряясь пристрастием смерти.
Проплывает забвение в Лете,
Где надежды отчаянье студит,
И считают умы на планете,
Сколько бед еще в мире пребудет.
Много крови невинно пролито
В бесновании пагубной меры,
Повсеместно —
                могильные плиты
С эпитафией Правды и Веры.
Все покрыто коррозией тленной,
Что оставили страшные войны,
И летит шар земной по Вселенной,
Изнывая угарною вонью.
Но Господним челом Мирозданья
Ему светят квазары-титаны,
Благодатью святого сознанья
Озаряя великие тайны.

# ЗАВОЕВАТЕЛЬ

Сничтоживши бесчеловечность,
В которой ты повинен сам,
Тебя Бог не возносит в Вечность —
К обетованным небесам.
За терриконы пепелищ
Твои поверженные силы
Покоятся в плену могилы
Среди бесчисленных кладбищ.
Ты, возжелав правленья миром,
Судьбу убийствами вершил,
Назвавшись праведным кумиром,
Всегда тщеславием грешил.
Наполнив низменною ложью
Свои коварные мечты,
Ты жизни возлагал к подножью
Идей, которые пусты.
Ты был отождествленьем смерти
В лихой неистовой борьбе,
Где в ратоборской круговерти
Извечно думал о себе.
Немыслимо кошмарной новью,
Как демонический злодей,
Пресытился безвинной кровью
Тобой погубленных людей.
Теперь,
         к могильникам упавший,
В объятья грунтовой пыли,
Ты видишь рок, предначертавший
Проклятие самой Земли.
Но сутью жизненного смысла,

Среди отверженных молитв,
Тебя зовут лихие мысли
На поприща великих битв.
Манят неистово, бесспорно,
Неугомонностью зари,
Надежд воинственные горны
И жертвенные алтари.
Орут кровавые закаты,
Истошно проклиная мир,
Являя жуткие раскаты
Разбесновавшихся мортир\*,
И ты терзаешься ночами,
Встаешь под злобный вой волков
И наслаждаешься речами
Ушедших роковых веков.

---

\* Морти́ра (*нидерл.* mortier) — артиллерийское орудие с коротким стволом (обычно длиной менее 15 калибров) для навесной стрельбы.

# МАКЕДОНСКИЙ

Вселенским лучезарным ликом,
Оправленным в святую сень,
В благообразии великом
Светился уходящий день.
Являлась безупречность власти
Тщеславием коварной мзды
С лихой возвышенностью счастья
В объятьях ревностной мечты.
Ведь был проторен путь упорно
В порабощенные края,
Где убивала всех бесспорно
Непроницаемость твоя.
Там маршируют легионы
Всепобеждающе в мирах,
Вручая новые законы
В неоспоримых торжествах.
Объединяется по праву
Разноязычье государств,
Даря божественную славу
Многообразиями царств.

*Македонский:*
Несокрушимостью кумира
Являя таинства веков,
Повергну я величье мира
Тщеславием лихих основ.
Пусть вседозволенность пирует
С переполнением услад,
Ведь для меня не существует
Теперь бесчисленных преград!

...Победоносностью походов
Открылись властные права,
Но обо мне среди народов
Идет превратная молва.
Завоеванья подытожив,
Напился досыта крови!
Стелите же, гетеры, ложе
Для упоительной любви!
Пусть чувства злобными пожарами
Теперь покоя не дают,
Врываясь жуткими кошмарами
В души божественный приют.
Но все же неустанна месса
У мира отворенных врат,
Ведь я —
         сын солнечного Зевса,
А стало быть, — Гераклов брат.
Я властен пронестись, свергая
Привычный мирозданный быт,
И тяжестью коней ступая,
Переиначить лик судьбы.
Проникнутся миры речами
Великих жизненных основ,
Сияя светлыми лучами
На бронзе боевых щитов,
Ведь я, являя злое бремя
Среди разверзнутой дали,
Преобразовываю время
Порабощения земли.

# РИМ

Прошла дневная круговерть,
Собрав растерзанные трупы,
Зловеще ухмыльнулась смерть
Лихой натурой душегуба.

Загнали яростных пантер,
Напившись крови полуночно,
Раздали воинам гетер,
Чтоб плоти ублажить порочно.

Безумие шальной игры
Глядит на мир глазами страсти,
Где продолжаются пиры
Коварно-сатанинской власти.

А Жизнь с предсмертным сонмом грез
Проклятью кланяется гибко —
Рабыня, что в потоках слез
Являет скорбную улыбку.

# ЦЕЗАРЬ

Ликует величавый Рим
Всепобеждающим сознаньем,
Великолепием своим,
Миротворящим созиданьем.
Судьбы священные права
С неотразимостью исхода
Являет светлая глава
Благословением восхода.

*Цезарь:*

О Рим — величественный рай
С могучим, нравственным народом,
Ты мудрости вселенской дай
Сиять божественным восходом!
Тот, что вознесся к небесам
В благонамеренном упорстве!
Миры преображаешь сам
В логическом противоборстве.
Тебе определили путь
Главенствованья над землею,
Являя жизненную суть
Благословенною судьбою!
Клянусь величием богов,
Их светлой нерушимой властью,
Что правдою служить готов,
Возвысив окрыленность счастья.
Сияй, священная звезда
Божественного небосвода,
Чтобы отныне навсегда
Настала вечная свобода!

Пусть воплощение побед
Предъявит ратные итоги,
Чтобы благословенный свет
Все к Риму указал дороги!
Пусть с алтарей сегодня кровь
Струится жертвенным потоком,
Дабы пришла благая новь
К несущим истину потомкам.
Пусть обнажаются мечи
Величием лихой манеры,
Что жизнерадостно звучит
Слияньем Марса и Венеры.
Пусть Бахус наполняет чашу,
Фортуной наградит судьба,
Где триумфально пьют и пляшут
От консула и до раба!
Пусть отразится лик успеха
Всесилием священных мест.
Наденем ратные доспехи,
Которые создал Гефест!
Ведь благородство устремлений
Умов и твердая рука
Внесут в плеяды поколений
Премудрость, что дают века.

# КЛЕОПАТРА

*Ты возжелал счастливым быть,*
*Являя грешные пути,*
*Ночь Клеопатре подарить,*
*А поутру — живым уйти?*

Неистовость меняла вечность
Душетрепещущей любви,
Преображая бесконечность
Волненья ревностной крови.
Грех насладился дерзкой властью
В насыщенный пороком час,
В немыслимом подобострастье
Являя прихотливый глас.
Всесилием усладной лести
Лихой безнравственной игры
Низвергнется величье чести
Потемками ночной поры,
Где мгла, объятиями страха
Неотразимой тишины,
Присутствует значеньем Анха,
Иллюзиями старины.
Все в Мирозданьи изменилось
Теперь премудростью своей,
Где управляет злая хитрость
Свободолюбием мужей.

*Клеопатра:*

Мужчины — вечно в услуженьи
Для наших прихотливых дел,
Ведь женское распоряженье
Меняет жизненный удел.

Сомнения одолевают,
Гнездясь панически во мне,
Но ведь никто сейчас не знает,
Что у царицы на уме.
Всевластно
          государством правлю!
Сумеешь трусость превозмочь,
Тогда и я тебя оставлю
В опочивальне
              на всю ночь.
На упоительном пределе
Ты унизительно молчи,
Ведь поутру тебя в постели
Мои зарежут палачи,
Но с обреченностью испуга
Гляди в прекрасные глаза,
Ведь я — коварная сольпуга*
И смертоносная гюрза.
Своей натурою хмельной,
Страстями дерзкими налитый,
Ты ныне овладеешь мной,
А стало быть, — самим Египтом.
Величьем перевоплощенья
Являя судьбоносный смысл,
Я благодатью наслажденья
Наполню царственную жизнь.
...Помпезные дворцы воздвигнуть,
Где пировать тщеславно всласть,
Коварною душою гибнуть,
Вкушая дьявольскую страсть.

---

\* Сольпуга — фаланги, или сольпу́ги, или бихо́рки (*лат.* Solifugae) — отряд паукообразных (Arachnida). Латинское название отряда *Solifugae* в переводе означает «убегающие от солнца».

Неукротимостью манеры
Прелюбодейственно грешить,
Лихою яростью пантеры
Среди интриг кровавых жить,
Где изощренные виденья,
Являя сумасбродный лад,
Несут безумьем обреченья
В испещренный грехами ад!

# КАЛИГУЛА

Опять вино течет рекою
На демонических пирах,
Где беснование лихое
Являет дьявольский размах.
Упившись пагубною новью
До обезумевшей зари,
Залились жертвенною кровью
Божественные алтари.
Неумолимой силой злою
Кутилы расшибают лбы,
Глядя на то, как Жизнь нагою
Стоит в объятиях Судьбы.
В пылу неимоверной страсти
Разбесновавшихся смертей,
Возносится величье власти
На грудах рубленых костей.

*Калигула:*
Давай мечами обнаженными
Всем пощекочем нежность шей
И покутим с чужими женами,
А после — их убьем мужей!
Вмиг упразднив моих сенаторов,
Прибив гвоздями их к дверям,
Заставим драться гладиаторов,
Подобно яростным зверям!
Могуществом бесовских копий
Отрезав сотни языков,
Докажем превосходство копий
Пред остротою мудрых слов.

Ну что, тщеславные повесы,
Поели, — знать, навеселе,
Отмеряйте избыток веса
У входа на тугой петле!
На этом пагубном банкете
Вкушая смертоносный яд,
Увидишь, что в загробном свете
Живется лучше во сто крат!
Давай, развеявшись от скуки,
Проявим яростный глагол,
Когда, рабам отрезав руки,
Мы есть посадим их за стол.
Сословьям низменных отребьев
Откроем смертоносный счет:
Друзья мои,
              тащите жребий,
Кто здесь кого сейчас убьет!
Давай, являя превосходство,
Изменим внешние черты,
Создав кошмарное уродство
Из величайшей красоты.
Начнем кутить ночами долгими,
Ни в чем не чувствуя вины,
Народ так обложив налогами,
Чтоб были кости все видны.
Измотанной лихой бедою,
Являя пагубный исход,
Люд наслаждается судьбою,
Провозглашая мой восход.
Пусть я все ненавистью рушу,
Посеяв беспросветный страх,
Ведь злобой уничтожил душу,
Преображенную во прах!

Устроим ныне
           праздник подлинный
Ума лишающих ночей,
Убив коварно верноподданных —
Моих бессменных палачей!
Залив сперва им в глотки олово,
Приделав по бокам рога,
Мы их отрубленные головы
Поставим вместо пирога.
А после, чтобы соразмерность
Была в загробной жизни их,
Я предлагаю к ним, на верность,
В могилы положить живых!
Являя злые перемены,
Всех безрассудно насмеши:
В бассейне, где живут мурены,
Ты искупайся от души.
И не вопи ужасным криком
Среди неистовых стихий,
Ведь нереально безъязыким
Читать Горация стихи.
Но в демоническом разгуле
Меня ты строго не суди.
На добела каленом стуле
Расслабься телом, посиди.
Всесильем искреннего слова
Намечу пагубную цель,
Когда для отдыха готова
Со скорпионами постель.
Пусть диким псом тебя нарядят,
Чтоб с тигром разделить досуг.
Держу пари — кто первым сядет
На кол из двух покорных слуг!

...Как пожирает плен затмений
Неугомонные умы
Желанием землетрясений
Или нашествием чумы.
А мысли
          сумасбродством пьяным
Витают яростно во мне,
Являясь наважденьем рьяным,
Как в окаянном полусне.
Но разум алчно просит страсти
Агонией шальных идей —
Неумолимостью всевластья
Над обреченностью людей.

# НЕРОН

Пылает заревами небо,
Прельщая взор лихих очей,
Дурманя дерзкий ум, но мне бы
Упиться грешностью ночей.
Беснуясь пагубностью властно,
С остервенением шальным
Зажгу немыслимо пристрастно
Неповторимый спящий Рим,
Чтоб императором великим
Среди бушующих стихий
Под стон и матерные крики
Читать Вергилия стихи.
Глядя на скривленные лица,
В могуществе своих идей
Хочу безмерно насладиться
Уничтожением людей,
Чтобы подложным злодеяньем
Творя трагический исход,
Явить неистовым сознаньем
Коварства пламенный полет.
Всесильем чувственных моментов
Начну немерено буять,
Уничтожая конкурентов
И с ними —
        собственную мать.
Теперь вершу по правде я,
Взгорая яростную страсть,
Убив бессмысленного Клавдия,
Показывая злую власть!

Вселив в народ чрезмерный ужас,
Посею беспросветный страх,
Чтоб, беснованьем обнаружась,
Кутить усладно на пирах.
Своей
        натурою пристрастной,
Ни в чем не чувствуя вины,
Остервенею силой властной
Среди разрозненной страны.
Себя прославив повсеместно
Перед обличием врагов,
Я, будет это всем известно,
Мочусь на статуи богов.
Пылает злобное проклятье,
Судьба к возмездию зовет,
Оракул говорит заклятье,
Обожествляя небосвод.
А я прошу лихого бедствия,
Испитого грехом вполне,
Всесильем яростного действия
Погрязший в крови и вине,
Чтоб в лоне
        жизненной беспечности
Повсюду воцарялось зло
И сумасбродство в Книге Вечности
Строкой кровавою ползло!
Воспрянет громогласность голоса
Покорной низменной толпы,
Где демонические возгласы
Ошеломляющей судьбы.
Чтобы презренные сенаторы
Таили неуемный страх
И яростные гладиаторы

Сражались в дерзостных боях.
Чтоб сила управляла мудростью
До жизнедейственных основ
И я с неугомонной глупостью
Дразнил разгневанных богов.
Чтоб воспаряла злоба чести,
Торжествовал коварный ум,
Неистовым глаголом мести
Орало бешенство трибун.
Чтоб был в благословенной почести
Мой страстный театральный лоск
И чувство неустанной похоти
Струилось, как пчелиный воск!
Во мне Сенека пробуждает
Благоразумия мотив:
Когда умрешь — пусть все пылает...

*Нерон:*
Нет, пусть горит, пока я жив!

## ПЕРЕД ПОЕДИНКОМ

Заря вздымается, мой брат,
Коварно обреченной новью.
Напоим пагубный разврат
Своею жертвенною кровью.

Предъявим жуткую судьбу
Кошмарам смертоносных порций,
Насытив ярую толпу
Обилием лихих эмоций!

Один из нас сейчас умрет,
Попав в заоблачное Царство,
Второй — в сырой вольер уйдет,
Кляня безумное коварство.

# БОЙ ГЛАДИАТОРОВ

Беснуется великий Рим
В амфитеатре Колизея,
Ведь нрав его неукротим,
Неугомонностью зверея.
Кровавых зрелищ подавай
И ратоборского искусства,
Глядя, как величавый Гай
Горит агониею чувства!
Здесь ныне смертоносный бой
Представил властный император,
Чтоб показал характер свой
Непобедимый гладиатор.
С пристрастьем роковой межи
Все ждут летального итога,
И вот уже один лежит
Ниц под пятою у другого.
Он видит жизненный конец
И молит злобные трибуны
О снисхождении сердец
С благоволения Фортуны.
А тот, который победил,
Не слышит голос смерти дикий
О том, что выбившись из сил,
Он сам погибнет в поединке.
И Рим скандирует рабу,
Ликуя беснованьем мысли,
Решая жребием судьбу
Очередной ничтожной жизни.

# СПАРТАК

Остановись, лихое время,
Тая неистовую месть,
Сняв гладиаторское бремя,
Подняв поруганную честь.

*С п а р т а к:*
Бесись, неумолимый век,
Исполненный коварных сборищ,
Лихих людей, кровавых рек,
Амфитеаторных побоищ!
Сжимает утомленность рук
Меч с окровавленным эфесом,
И сердца учащенный стук
Зовет к отмщению повесам.
Кути, сенат,
              упившись всласть
Порабощением, ведь знаешь,
Что демоническую власть
Ты непременно потеряешь!
Являйте ненависть скорей,
Ведь вас застанут в этих сценах
Те, кто с коварностью зверей
До смерти бился на аренах.
Придут фатально отомстить
И вашим крахом насладиться
Все, кто не мыслит в рабстве жить
И низко кланяться убийцам.
Уже врываются туда —
В обожествленную обитель —
Те, за которых никогда

Пощады не попросит зритель!
За правду страшную свою
Неистовость вскипает в венах,
Ведь лучше умереть в бою,
Не на освистанных аренах!
Застав вас, нелюдей, врасплох
Среди безумных вакханалий,
Преподнесут лихой итог
Всевластных, низменных реалий.
Те времена недалеки,
Когда отмщением великим
Сорвем лавровые венки
С неистово коварных ликов!
Мы все умрем, с мечами стоя,
Навеки сбросив плен оков,
В рожденьи дерзостного строя
Освободившихся рабов!

# ПОБЕГ РАБОВ

В мгновении отважного побега,
Когда в сознаньях взвилось
                        пламя вер,
С молниеносностью отчалила от брега
Одна из римских боевых галер.

Наперекор враждебному ненастью
Озлобленно неласковой судьбы,
Доверившись фатальному участью,
Гребли отчаянно уставшие рабы.

Неистово свободные, на воле,
Они рванулись в свой победный путь,
Молясь богам в отверженной юдоли,
Надеясь на удачливую суть.

Прикованные крепкими цепями,
Свой дерзкий совершившие побег,
Они решили, несомненно, сами,
Что здесь стремление одно у всех.

А чайки так кружились низко,
Приманенные звонами оков,
Да и погоня подплывала близко
С гребцами из измученных рабов.

И те рабы завидовали смелым,
Которые схватили дерзкий миг,
Чтоб вырваться стремлением умелым
В миры надежд несбыточных своих.

Взметнулись молча ввысь лихие грифы,
Почувствовав здесь жертву не одну,
Но натолкнулось судно вдруг на рифы
И стало медленно идти ко дну.

Не охватило всех предсмертное смятенье,
Лишь кто-то крикнул вызывающе: «Гордись!
Мы прожили священное мгновенье,
Закончившее низменную жизнь!»

# ПАДЕНИЕ РИМА

Закончен век,
        где чувства разгорались,
Пытаясь страсти удовлетворить,
Но лики Прошлого,
        что править здесь остались,
Еще б могли грядущее творить.

Они все помнят.
В жуткой круговерти
Взирали молча, как с игрою вещих струн
Отыгранный житейский прах
        в Ворота Смерти
Тащили под овации трибун.

Они все видят
        с благородством чести,
И теребит их времени рука,
Напоминая дни,
        когда взывали к мести
Могучие дружины Спартака.

Припоминая яростные саны,
Вершившие неистово в мирах,
Они не верят, что опять придут тираны,
Которые давно ушли во прах,

Но твердо знают
        в этой круговерти,
Величие помпезности тая,
Что Жизнь, вразрез неутомимой смерти,
Все возвращает
        на круги своя!

# КНЯГИНЯ ОЛЬГА

Ох, Русь с кривыми избами —
Держава некрещеная,
Почто страдаешь сызнова,
Язычеством прельщенная?
Чего нагою девкою
Горюешь по подвориям,
Когда клянут с издевкою
Враги натуру хворую?
Хлебами их румяными
Радушно я попотчую,
Затем огнями банными
Испепелю воочию.
Пусть знают, окаянные,
Как на свободу зариться...
Ох, избы деревянные,
Пылайте ясным заревом!
Ох, страсти незабвенные
И чувства сердобольные,
Где мужи убиенные
Да печенеги вольные.
Промолвит небо синее
Блаженным светлым трепетом:
Чего душой бессильные
С духовным ветхим лепетом?
Грешна Русь и поругана,
Безумием обласкана,
Ограбленная «слугами»,
Истрепанная встрясками.

Нагрянет посвящение
Святого Духа во поле,
Чтобы принять крещение
В златом Константинополе,
Чтоб Русь благой манерою,
Зарею златоглавою,
Восстала светлой Верою,
Могучею державою!

# КРЕЩЕНИЕ РУСИ

*Владимир:*
Духовное было в начале!
Осваивая письмена,
Мы открываем имена,
Которые века молчали.
Не смея нравственный запрет
Сегодня нарушать порочно,
Я не смогу по праву точно
Найти божественный ответ.
В эпоху жутких междусобиц,
Когда бесчестие творится,
Хоть убедительно твердится
Премудрость
        жизненных пословиц.
Я помню, как страдала Русь
От вас — хазары, печенеги,
А половецкие набеги
Я перечислить не берусь.
Когда неистовые слоги
Буяли в грехотворной мгле,
Тогда языческие боги
Преобладали на земле.
Но от общинной колыбели
Всходила мысли чистота
К избранию духовной цели
Непогрешимости Христа.
Божественным определеньем
Назначив праведный исход,
Я судьбоносным провиденьем

Благословил честной народ.
Величием Господней меры
Мне Дух могущество явил,
Вручая лучезарность веры
Стезею чудотворных сил.
Днепровской чистою водою,
Где отразились небеса,
Я окрестил благой порою
Поля, деревни и леса.
Открыв деяния святые,
Переиначил бытие —
То, что не сделали другие,
Создав могущество твое.
Пусть снизойдут почет и слава,
Являя жизненную суть.
О Русь — великая держава —
Тебе готов Господний Путь!

# АЛЕКСАНДР НЕВСКИЙ

Туманность степи покрывает,
Припав к измученной земле,
Которая вновь изнывает
Душевной раной на челе.

*Невский:*
Доколе в собственной округе
Терпеть все униженья нам?
Проявим ратные потуги
К великим жизненным делам!
Ничтожеств яростные своры
Сейчас бесчинствуют везде,
Стезею нашего позора
Держа честной народ в узде.
Кошмарною золою млечной
Лежат в руинах города.
Ты, Русь, с разрозненностью вечной
Не будешь сильной никогда!
В нелепых бесконечных ссорах,
Среди духовной нищеты,
Живешь в немыслимых раздорах
На попечительстве тщеты.
Доколе будет кровь всечасно
Струиться по земле кругом?
Неужто мы сейчас не властны
Встать на борьбу с коварным злом?
Зовите крепкие дружины,
Чтобы собрать большую рать.

Пока мы праведностью живы —
Врагам страною не владать!
Победная заря восходит
Всесильем лика своего,
Чтоб все,
      кто к нам с мечом приходит,
Погибли сами от него!
Чтобы трагически хлебнули
Проклятья жизненных прорух,
Да ветры в спины им подули,
Отождествляя русский дух!
На все сегодня — Божья воля
Являет праведный исход,
Чтоб, как неласковая доля,
Под ними треснул чудский лед!
Благословенье проявляя,
Творя молитвенный обряд,
Душа великая, святая
Звонит в малиновый набат.
Пусть воссияет нам свобода
Могуществом духовных сил
В единстве славного народа
Моей божественной Руси!

# ЧИНГИСХАН

Завыл неугомонный ветер,
Спугнув стреноженных коней…

*Чингис:*
Немало все-таки на свете
Осталось благодатных дней.

*Хаджи Рахим:*
Приблизился удачный год,
Несущий истинное счастье,
Ведь жизненный Вселенский свод
Закончил злобное ненастье.
Грядут победные дела,
Да только ныне
              слишком рано
Калить сознанье добела,
Чтоб битвами упиться рьяно.
Ты непременно торопись
Избегнуть пагубность заката,
Взглянув с неистовостью ввысь,
Где мысль преобладает свято.
Она померкла, только свет
Ее струится через годы.
Осталось мало ратных лет
Порабощать войной народы.
Взгляни с тщеславием стремленья
На пепелища городов,
Где жизненные запустенья
С рыданиями бедных вдов.

Там алчные порывы страсти
Буяют в мирозданной мгле,
Где воспаряет злоба власти
На окровавленной земле!
Там мир ничтожится позорно
Порабощением судьбы,
Где молчаливо и покорно
Народ впрягается в арбы.
Там ошалевшие проклятья
С немыслимостью крепких уз,
И правда в обветшалом платье,
Да обесчещенная Русь.
Там жгут, насилуют, калечат,
Пронзая острием клинков,
Пожарами селенья лечат,
Уничтожая до основ.
Величье в яростном кагане,
Ведь злобою коварных пут
На демоническом аркане
Тебе наложниц в плен ведут.
Неумолимые мгновенья
Буяют яростью идей,
Где умирают поколенья
Бедой измученных людей…

**Чингис:**

Довольно,
        дерзостный оракул,
Сулить трагический исход!
Ты столько бед сейчас накаркал,
Что смерть тебя лихая ждёт!
Ответь,
        как хитроумной вязью

Запутать русичей в сетях
И заманить в ловушку князей,
Чтоб пир устроить на костях,
А их благословенье чтобы
Навеки превратить во прах
И упоительностью злобы
Сварить похлебку
               на кострах?
Непререкаемо жестоко
Своим неистовым нутром
Напьются яростного рока
Из чаш, кипящим серебром.
И неприятелей скорей
Я посажу на острый кол,
Как величайший царь царей —
Всепобеждающий монгол!
Буяет пагубность в сердцах
Лихим всевластьем
               своевольным,
И не предвидится конца
Степям, свободою
               раздольным!
Усеются поля костями,
Политы множеством кровей,
Когда незваными гостями
Ворвемся злобою своей.
Завоевали полземли,
А впереди — еще дороги,
Которые для нас вдали
Покажут ратные итоги!
Неистовостью ярых сеч
Мне бы тщеславно насладиться,
Подняв победоносный меч...

*Хаджи Рахим* (*про себя*):
Который может затупиться.

(*вслух*):

Туменов\* полнятся ряды,
Но утомленно сердце бьется,
Ведь войском Золотой Орды
Бессменно править
              не придется.
Устанешь ты когда-нибудь
И будешь обреченно брошен,
Упав отчаянью на грудь,
Как величавый гордый коршун,
И старость, слабостью маня,
Не даст ступить ногою в стремя…

*Чингис:*

Но сыновья есть у меня,
Которые повергнут время!
Они продолжат мой удел
По управлению мирами
Плеядами коварных дел,
Степными вольными ветрами.
Они продлят мои бразды
Бесчисленных завоеваний
Всесилием кровавой мзды
С неутомимостью деяний!
Они чинами велики,
Всевластной ненавистью злою.

---

\* Тýмен (*монг.* — Түмэн, Tümen; *тат.* — төмән, төмән; *рус.* — тумен) — наиболее крупная организационная тактическая единица монгольского войска XIII—XV веков, численность которой составляла обычно десять тысяч всадников.

**Хаджи Рахим** *(про себя):*
Взрасли в степях, как сорняки,
Своею силою лихою.

**Чингис:**
...Свой взор в грядущее утупив,
Мы демонически в мирах
Шагаем по останкам трупов,
Посеяв беспросветный страх.
Войска всегда готовы к бою
Порабощением времен,
Везде оставив за собою
Корм для шакалов и ворон.
Судьба возвышенность добудет
Неоспоримостью своей,
Когда все Мирозданье будет
Во власти дерзостной моей!
Точите сабельные бритвы,
Являя пагубный удел,
Пока я затеваю битвы
Величием коварных дел.
Вы наслаждайтесь,
           счастьем живы,
Меня благодаря всегда
За то, что есть стезя поживы,
Одежда, деньги и еда!
Пусть я уйду, судьбою брошен,
Но будет ненависть беды
Кружиться,
        словно ярый коршун
Всепобеждающей Орды!
Я проложу дорогу к счастью,
Что сладкозвучием поет,

И явно, вопреки ненастью,
Продолжу дерзостный полет.
Сничтожив многие народы
Коварством воинов-зверей,
Я окунусь усладно в воды
Последнего из всех морей
И, воспарив вселенской властью
Над миром в праховой пыли,
Упьюсь с неимоверной страстью
Порабощением земли.

# БАТЫЙ

Угас благословенный свет
Под ужасающие стоны,
Многообразием примет
Наполнив жизненные фоны.
Всходила мрачная заря
Разбесновавшегося часа,
Неиссякаемо горя
Над грудами людского мяса.
Запела вещая струна
Проникновенного эфира,
И кровью налилась Луна
Над головою Джихангира*.
Заржали сотни кобылиц,
Неся недобрые знаменья,
И по глазам суровых лиц
Промчались жуткие виденья...
Проснулся яростный Бату
В испуге невообразимом
И пожелал начистоту
Поговорить с Хаджи Рахимом.
...Незамедлительно пришел
Почтенный старец с бородою.
«Молю, чтоб счастье ты нашел
Благословенною душою!
Могущественный Джихангир,
Твоя звезда на небосводе
Священно озаряет мир,
Где все разумно происходит.

---
* Джихангир (*арабск.*) — покровитель Вселенной, главнокомандующий.

Тебе подвластно полземли,
И впереди грядут победы,
Но в неизведанной дали
Пусть обойдут лихие беды.
Пусть яснокрылых мыслей свет
Твой разум посещает чаще
И жизнь подарит много лет,
Где полнится кумысом чаша.
В твоих глазах буяет страх,
Как неспокойный ветер в поле...
Кошмары грезятся во снах
На этой чужестранной воле?
Скажи, сознанье не губя,
Откуда взялась напасть эта,
Чтоб я промолвил для тебя
Премудрость дельного совета.
Твои враги несутся вспять
От силы необыкновенной...
Что заставляет трепетать
Завоевателя Вселенной?
Какие скалятся шакалы,
Какая подползла змея,
Чтоб влить в священную пиалу
Мгновенно действующий яд?
Тебе сегодня одному
Явлю божественные мысли,
Как в прошлом
            деду твоему
Я объяснял законы жизни...»

*Бату-хан:*
Высокочтимый мудрый сан
Благонамеренных познаний,

Открой несокрушимость тайн
Проникновеньем толкований!
Изысканна стезя твоя
Истоками святого Рая,
Которой поклоняюсь я,
Благословенно почитая.
Высоконравственный мудрец!
Ты знаешь таинства Созданья,
Связав начало и конец
Божественного Мирозданья.
Ты откровением небес
Пророчишь жизненные лики,
Преображая сто чудес
Мировоззрением великим.
Ты по движению планет
Определяешь судьбы людям,
Являя мудрости рассвет
В ума космическом сосуде.
Великий благородный нрав,
Хранящий древние преданья,
Целебные отвары трав,
Магические заклинанья.
Из настоящей круговерти
Ты властен будущим владеть,
Вкушая снадобье бессмертья,
Которое скрывает смерть.
Ты знаешь тайное участье
У Мирозданья на виду
Примет,
     что предвещают счастье,
И знаков,
       что сулят беду.

Ты говоришь словами звезд,
Проникновенностью идей,
Вручая лучезарность грез
Магической душой своей.
Божественно пылают мысли,
Хоть сам — как в озере вода,
Всесильем духовной жизни
Являешь праведность всегда.
Ты чтишь писание Корана,
Давая действенный совет,
Как вылечить любые раны,
За что тебя возвысил дед.
Ты пережил трагичность дней,
Познав стези вселенских истин,
Изведав святостью своей
Премудрость жизненного смысла.
Я звал тебя
   для перемолвки,
Чтоб вызнать таинств глубину,
Ведь разум твой сегодня только
Глаголет истину одну.
Я видел судьбоносный сон
Неподражаемого толка.
Перескажу, каков был он:
Медведь схватил лихого волка
И разорвать его хотел,
Но тот был смертоносно зол
И словно ярый демон смел.
Недолго эта схватка длилась,
Волк дать отпор врагу сумел,
Он вырвался и в степь побрел,
Которая росой искрилась.

Скажи мне, преданный факих\*,
Высоконравственный учитель,
К чему знаменья снов лихих,
Что полнят разума обитель?
Поведай, правду не тая,
Какие ждут меня преграды,
Чтоб одарил сегодня я
Тебя великою наградой.

### Хаджи Рахим:

Не нужно дорогих наград,
Благодареньем станет только
То, что послушать будешь рад
Нравоучительные толки!
Я вспоминаю иногда,
Как ты с мечтой взирал на небо,
Где Времени текла вода,
Преображая Быль и Небыль.
Тогда твой всемогущий дед
Вершил победные походы,
В которых, поражая свет,
Порабощал войной народы.
Да, в мыслях пламенных твоих
Являлось ратное искусство,
Ведь он тебе от бед лихих
Привил воинственное чувство.
Ты устремился видеть мир
И благородством проявился,
Ты — величавый Джихангир,
Который почестей добился.
Идя по жизненным дорогам,

---

\* Факих (*араб.* فقيه — знающий) — исламский богослов-законовед.

Уничтожаешь все подряд,
Как об Искандере Двурогом*
Народы о тебе вторят.
Ты — свет божественного Солнца,
Звезда, горящая в ночи,
Неистовостью разум вьется,
Где думы злобой горячи.
Над пресмыкающимся миром
Паришь ты удалью своей
Под ликование батыров**
И гарцевание коней.
Ты, лицемерить не умея,
Творишь величие судьбы
С благословенья Субэдэя***,
Переосмысли все, дабы
Почила доблестная плоть
И разум, отдыха не знавший.
Чтобы сомненья побороть,
Подумай
          о душе уставшей.
«В благонамеренных делах
Вовеки не нужна поспешность,
Которая дает погрешность», —
Так рассуждал святой Аллах!
И будет в том неусомнимость,
Ведь добродетелью своей
Он создавал неповторимость
Контрастных мирозданных дней.

---

\* Искандер Двурогий (*араб.*) — Александр Македонский.
\*\* Батыр (*тюркск.*) — храбрец, удалец.
\*\*\* Субэдэй (*монг.* — Сүбээдэй, 1176–1248) — монгольский стратег и полководец Чингисхана и Угэдея. После смерти Чингисхана Субэдэй становится правой рукой сына Джучи — Бату.

Сомкни ресницы тяжких век,
Задумавшись о мире вечном
С потоками кровавых рек
На поле боя бесконечном.
О Джихангир!
        С твоей судьбой
Повязаны тумены судеб.
Ты всех ведешь их за собой
И все величественно судишь.
Тебе держать весь мир в узде
Неутомимыми руками,
Благословением сульдэ\*
С победоносными войсками.
Но память ревностно зовет
Теперь в покинутые степи,
Где прозябает твой народ
В бескрайнем
              жизненном вертепе.
Там, в упоительных ночах,
Вселенский дух хранит кочевья,
На восхитительных лучах
Играя песнь Звезды Вечерней.
Там даль магически сияет
Неотразимостью своей
И удивительно являет
Многообразие идей.
Там нежное благоуханье
Полураскрывшихся цветов,
Где растворяется дыханье
Миров в проникновеньях снов.

---

\* Сульдэ (*монг.* — сүлд — «дух», «жизненная сила», «знамя») — в мифологических представлениях монгольских народов одна из душ человека, с которой связана его жизненная и духовная сила.

Там облики святого счастья
Улусами отцовских юрт,
Что у природного ненастья
Находят жизненный уют.
Там мгла реальность укрывает
Несметностью своих даров,
Где посвящение витает
Обожествившихся миров.
Пророчества глаголет высь
Иллюзией проникновенной,
Когда божественная мысль
Струится из глубин Вселенной.
Там Мироздание сверкает,
Мечту священную впитав,
Где весь эфир благоухает
Настоями душистых трав.
Там быль перетекает в небыль
Преображением своим
И звездами искрится небо,
Благословением святым.
Что ищешь ты
         в стране чужой,
Исполненной душою русской?

*Бату-хан:*
К бессмертной славе мировой
Не все идут тропою узкой!
Победоносностью походов
Я добродетели не внемлю,
Неумолимостью восходов
Порабощая эту землю.
Пусть запылают их улусы,
Испепелятся города,

Чтобы с поверженною Русью
Мир распрощался навсегда!
Мечты воинственного деда
Я ныне воплощаю в жизнь!
Грядет великая победа...

*Хаджи Рахим:*

С уверенностью соберись!
Ты продолжаешь светоч долга
Предшественника своего,
Но ведь завистников так много
У господина моего.
Ничтожных — дерзкие стремленья,
Они пытаются опять
Тебя сместить с высот правленья,
Чтобы всевластие забрать.
Тебя возносят бесконечно
Неугомонные лжецы.

*Бату-хан:*

Я ненавижу, когда вечно
Слащаво лебезят льстецы!
Они передают усладу
Великолепью одному.

*Хаджи Рахим:*

О Джихангир! Кто скажет правду
В обличье року своему?
Неугомонной круговертью
Погрязнув в пагубных делах,
Льстецы боятся пуще смерти
Тебя гневить, питая страх!
Грядут события лихие,
Бату, не торопи коня!

Навстречу пламенной стихии
Пускают полосу огня…
Ты изливаешься ненастьем,
Но вдалеке враг не всегда,
И друг ждет, чтоб явилась счастьем
Твоя смертельная беда.
Везде кипят шальные страсти,
Где зависть, яростней клинка,
Творит коварное участье —
Родной опасней чужака!
Одни неистовые лица
Глядят озлоблено кругом,
Ведь легче воевать с врагом,
Чем средь своих душой беситься.
Тебе бы отдохнуть пока,
Ведь смертоносная рука
Уже налила молока
От озверевшей кобылицы!
Кругом — тьма недругов лихих,
Которые безумно злятся.

*Бату-хан:*

Но мне ли жить среди своих
И тени собственной бояться?

*Хаджи Рахим:*

Ты рассуждаешь слишком смело,
Как несгибаемый Джучи*,
Являя жизненно умело
Свои словесные мечи.

---

\* Джучи (ок. 1184 — ок. 1227) — старший сын Чингисхана и его первой жены Бортэ из племени унгират. Полководец, участвовавший в завоевании Средней Азии, командовавший самостоятельным отрядом в низовьях Сырдарьи, отец Бату-хана.

Всему присутствует черед!
Не утруждайся, силе внемля,
Сорвать благословенный плод,
Чуть погоди, наступит время,
И, сбросив пагубное бремя,
Он сам под ноги упадет.
Ты участь русичам готовишь,
Что недостойна похвалы.

*Бату-хан:*

Запретами не остановишь
Прицельно пущенной стрелы!
Являя обреченье странам,
Неутомимою душой
Я воспарю победным саном
Над покоренною землей.
Проколесив ее арбами
Уничтожающей войны,
Я сделаю людей рабами
Моей воинственной страны.

*Хаджи Рахим:*

Благословениями мира
Соединить в уме сумей
Полет орла и силу тигра,
Коварность лис и мудрость змей,
Чтобы, явив лихой удел,
Сражаться остротой кинжала,
Не став таким, как лук без стрел
Или гюрза без злого жала.
Ты жаждешь в пагубной манере
Порабощать края надежд,
Но вспомни о своих потерях
И беснованиях невежд.

Немало воинов осталось
Лежать на чуждой им земле,
А у тебя возникла жалость
Одной морщиной на челе.
Ты мыслью в прошлом
                будь подольше,
Чем в грезах будущих своих…
Ответь, кого средь павших больше:
Врагов иль воинов твоих?

*Бату-хан:*

Как ты посмел, негодный скряга,
Судить величественный сан, —
Неосмотрительный бродяга,
Которого нашел каган?!
Ты не того сегодня учишь,
Что раньше несмышленым был,
Ведь ныне за словесный пыл
«Награду» страшную получишь.
Неоспоримо, грубый дервиш\*,
Я оглашаю приговор:
Ты участь смертника разделишь,
Идя на корм для волчьих свор.
Пусть пожуют усладой часа
С лихой коварностью своей
Они дряхлеющее мясо
Убогой мудрости твоей!
Ты, на бессмертие позарясь,
От гибели сбежишь едва!

---

\* Де́рвиш (*перс.* درویش — derviš — бедняк, нищий) то же, что и «каландар» или «календер» — мусульманский аналог монаха, аскета, приверженец суфизма. Почтительное название суфийского проповедника-дервиша — ата (*тур.* ata — отец).

Неужто ли трусливый заяц
Учить охоте вздумал льва?

*Хаджи Рахим:*
Мой Джихангир!
            Коль это нужно,
Приму я горестную казнь,
Да лишь со мною правда дружно
Свой не заканчивает сказ.
Перед кошмарною могилой
Твержу: век миру не везло,
Коль ум порабощался силой,
А добродетель — жутким злом.
Все это для тебя не ново,
Ведь Бог Творенье так связал,
Что если уничтожишь Слово,
То Явь останется в глазах!

*Бату-хан:*
Прости, факих, чистосердечно!
Погорячился я сейчас,
Ведь в неразборчивости вечной
Теряется вселенский глас.
Жестокий норов Джихангира,
Являющий священный смысл...
За вечное правленье миром
Испей божественный кумыс!
Что мне народ,
        когда для славы,
Которую ищу вдали,
Я покоренные державы
Стираю навсегда с земли
И в ратоборской круговерти

С горы разбитых черепов
Взираю на свое бессмертье
Поверх воинственных голов.

*Хаджи Рахим:*

Ты восхваления достоин,
Ведь сколько существует мир,
Один всегда безвестный воин,
Второй —
        могучий Джихангир.
Аллах распределил все роли
Безукоризненной игры,
И будет так всегда, доколе
Преображаются миры.

*Бату-хан:*

Всеутверждающее слово
Слагает жизненную суть,
Ведь дед от воина простого
Прошел до Джихангира путь.
Лихим усердием являлось
Порабощений мастерство,
И благородно увенчалась
Бессмертной славой честь его.
Не все тогда уже решались
С ним говорить, питая страх,
Державы перед ним пластались,
Испепеленные во прах.

*Хаджи Рахим:*

Аллах деяния рассудит,
Являя справедливый вид.

*Бату-хан:*

С уничтожениями судеб
Изменится житейский быт!
Победоносными войсками
Порабощая этот свет,
Я занят ратными делами,
Несущими стези побед.

*Хаджи Рахим:*

Ох, упоительная слава,
Заполонившая сердца,
Что воссияла величаво
Неотразимостью венца!
Судьба ее предъявит свету
Чредой блистательных побед,
Где доблестно ходил по свету
Твой храбрый всемогущий дед.
Ему хватило мощи нервов
Взойти на мировой престол
И стать неоспоримо первым,
Явив Вселенский ореол.

Бату, всевластием кумира
Творя священные пути,
Тебе лететь в победах мира,
Непобедимым и уйти.
Чингис осваивал науку —
Порабощений мастерство...

*Бату-хан:*

И передал правленье внуку,
Теперь достойному его.
Все, что не выполнил Воитель,

Я сотворю, посеяв страх,
Чтоб мирозданная обитель
Горела в яростных кострах.
Пусть, как ничтожные лжецы,
Являют ханы лесть свою,
Ведь станут новые бойцы
Натуру прославлять мою.
Ты прав,
       что проклятой чужбине
Не видно явного конца.

### Хаджи Рахим:

А где-то плачет мать о сыне,
И дочь так заждалась отца,
И не рождают больше степи
Мифических богатырей, —
Безвыходность одела цепи,
Пуская горя суховей.
И только память о любимых,
Скитаясь в отрешеньях лет,
Стезей надежд неутомимых
Хранит духовный силуэт.
Вернешься ты в места родные,
Где встретишь степняков своих,
Раздашь подарки дорогие,
Которые добыл для них,
Но вспомнишь истину святую,
Когда в глазах у матерей
Увидишь рану ножевую
Обличьем павших сыновей.
Тогда душевное ненастье
Бедой проявится сполна.

*Бату-хан:*

Смертями выиграет счастье
Победоносная война!
Когда послушаюсь тебя,
То прослыву позорным трусом,
Хоть и буянят, стан губя,
Неугомонные мунгусы*.
Проникновенными мечтами
Исполнены все несомненно.

*Хаджи Рахим:*

Но за родимыми местами
Скучают люди откровенно!
В боях натруженные руки
Устали пагубность нести,
Хотят бойцы, отбросив луки,
Свернуть с кровавого пути.
Не нужно им коварной смерти
Из-за награбленных богатств
В неблаговидной круговерти,
Которая погибель даст.
Они бы ратные доспехи
Сменили на блаженство дней
И стали бы с большим успехом
Пасти расседланных коней.

*Бату-хан:*

Нет, погоди,
    бессмертье часа
Еще мгновения пробьют,
Готовя пир с горами мяса
У наших островерхих юрт.

---

\* Мунгусы (*монг.*) — злые духи.

Я стану вечности достоин,
Когда триумфами побед
Мой каждый уцелевший воин
Воспрянет, славою воспет.
Падут несчетные преграды,
Когда под завыванья вдов
Я прокачусь с лихой усладой
По пепелищам городов.
Восстанет нерушимость наша,
Когда на грудах черепов
Наполнится кумысом чаша
С усладным красноречьем слов.
И зазвенят призывно цепи,
Когда поднимется заря
Над миром,
         что простерся степью
Для воина-богатыря.
Прольются ясные созвездья,
Приветствуя величье дел
Неоспоримого возмездья
Для раболепствующих тел,
Чтобы застряло в глотках колом
У всякой низменной страны
Порабощение монголов —
Кровавых демонов войны,
И стала жуткая победа
Проклятием Вселенской мзды
С великим прорицаньем деда
О власти Золотой Орды!

# ДМИТРИЙ ДОНСКОЙ

Как над Русью всей злобным коршуном
Тень монгольская дерзко кружится,
Ярым недругом, вновь непрошеным,
Завладеть душой нашей тужится.
Сколько страшных лет
              мы живем во мгле,
Сколько люду ведь в рабство угнано,
Не осталось уже правдушки на земле,
Что врагами лихими поругана.
Ох, бесчинствует яростный злодей,
Да хозяйничают всюду ироды.
Сколько на Руси померло людей,
И остались лишь вдовы да сироты.
Души маются в скорбной стороне,
Не родят хлеба наши полюшки,
Не хозяева мы уж во своей стране,
Где хлебаем беды да горюшка!
Ох, везде живут врозь князья,
И вражда меж ними неизменная.
Закручинились вы, лживые друзья,
Что молчишь опять,
              Русь смиренная?
Ты ударь в набат,
            чтоб людей созвать:
Эй, честной народ, братцы-детушки!
Поскорей скликай воинскую рать,
Богатырь земли — Пересветушка!
Что же нам делить
          да о чем судить,

Коль беда у нас ныне общая?
Ох, пора уж распри все позабыть,
Помянув теперь лишь хорошее.
Вы решайте, ведь свято верю я
В цель своей души благородную,
Где с благословения
                преподобного Сергия
Сбудется светлая воля Господняя.
Встанут в войско все —
                даже стар и мал,
Лишь рассеется мгла предрассветная:
Ну-ка, кто тебя яростно обижал —
Русь великая, многодетная?
Кто тебя ятаганом бил,
Проливая твою красну кровушку,
И выматывал до последних сил
Да рубил буйную головушку?
Встанем мы каменной стеной,
Где мытарились все проклятыми,
И великою жертвенной ценой
Расквитаемся с супостатами!
Ох, запомните навек вы, язычники,
Как люд в рабство гнать,
                словно глупый скот.
Вот и встретились в поле нынче-то,
Где получите смертный свой исход.
Мы в боях крепки и суров наш нрав,
Ведь не ведаем злого недуга,
Ратоборски смерть и позор поправ,
Одолеем враз в схватке недруга.
И, повергнув зло, беды сокрушив,

Снова станешь,
              Русь, ты свободною,
Где священный лик Мировой Души
Богу вознесет
          славу всенародную!

## СЛОВО ДМИТРИЯ ДОНСКОГО

Как над Русью всей
Тучи черные,
Да среди полей
Кружат вороны.

Кружат вороны,
Битву чувствуя,
На все стороны
Захолустия.

О судьбе молюсь,
Сердобольная!
Замолчала Русь
Колокольнями.

Сколько можно ждать,
Горемычники?
Долго ль будут гнать
Вас язычники?

Вам бы песни петь,
Подневольники,
И живете ведь,
Как раскольники.

Но уж пробил час
Битвы с Иродом,
Что измучил вас,
Сделал сиротой.

Поднимись, народ
Светлой верою,
Ведь пришел черед
Ратной мерою,

Чтобы проявить
Удаль славную,
Дав монголам прыть
Полноправную.

Чтоб победный глас
Духа чуткого
Завершил сейчас
Иго жуткое,

Чтоб врагам узнать,
Правду чувствуя,
Как порабощать
Землю Русскую.

## КУЛИКОВСКАЯ БИТВА

Рождался судьбоносный день
С благословенною молитвой,
Где ратных множество людей
Стояло молча перед битвой.
Благоговение явив,
Заря сияла на иконах,
Всесилием Господних нив
Пролив лучи на небосклонах.
Дышала тягостно земля
В раздумии о мрачной жизни,
И мирозданные поля
Готовились к плачевной тризне.
Негодованьем горячи,
Приветствуя многоголосно,
Подняли острые мечи
Противники победоносно.
Приблизился фатальный час,
Внемлящий светлому решенью,
Где истинный Вселенский Глас
Призвал к народному отмщенью.
Грядет неумолимый вид
На этом ратоборском поле,
Где меч ударится о щит
И Воля поразит Неволю.
Доверившись стезе судьбы,
Перед началом страшной битвы
В преддверии лихой борьбы
Звучат Господние молитвы.
Пока безмолвствуют мечи
И не видны сердец порывы,

Лишь ворон дьявольски кричит,
Коварно чувствуя поживу.
Пусть восстает святой союз
Непобедимого народа,
Чтобы в Божественную Русь
Пришла священная свобода!

# ЖАННА Д'АРК

## 1. Посвящение

Что поделать мне, Боже священный,
Отчего так тревожно теперь?
Ты явился стезей сокровенной,
Отворив судьбоносную дверь.

Мирозданным магическим смыслом
Отразился духовный оплот,
Где являются светлые мысли
И иная реальность зовет.

Озаренья немыслимо ярки
Провиденьем грядущее речь:
Вместо ручки вертящейся прялки
Я сжимаю отточенный меч.

Не заветно святою любовью
Выражается новый устой,
А неистово-яростной новью,
Обуянной лихою войной.

Многолико Твое воплощенье
В откровеньем наполненном дне.
Распахни же Врата Посвященья,
Изменяя реальность во мне.

Да пребудет Вселенское Слово
В этом горем испитом краю,
Где покорно исполнить готова
Величайшую волю Твою!

## 2. Орлеанская дева

Сегодня Франция в огне
Стенает горькие напевы,
Но дух Божественный во мне
Величьем Орлеанской Девы.

Благословенье обрела,
Творя деяния святые,
И платье девичье сняла,
Надев доспехи боевые.

Ведь, как в невероятном сне,
Блаженством жизненного смысла
Всевышний снизошел ко мне
Всепроникающею мыслью.

Чтоб пережить кошмарный ад
Войны с кровавым насыщеньем,
Он мне вручил ключи от Врат
Магического посвященья.

Спешу на поле грозных сеч,
Где все к сражению готово,
В руке сжимая острый меч,
В душе храня святое Слово.

Своим проникновенным слогом
Являя ратные пути,
Ниспослана сегодня Богом
Затем, чтоб Францию спасти!

## 3. В заточеннии

Во рваном рубище лежу,
Прикрыв измученное тело,
Лихие мысли отвожу,
Хоть нервы сжаты до предела.

Тобою избрана была
Благословеньем обстоятельств
И сделала все, что смогла,
Став жертвой низменных предательств.

Не будет страха одного,
Когда безумствуют допросы,
Ведь я — свет слова Твоего
На инквизиторов вопросы.

Прозрения священный слог
Пылает действием вчерашним,
Но верю, что со мною Бог,
И умирать совсем не страшно!

## 4. Путь в бессмертие

Пришел трагический исход
Без истерической боязни,
Когда стекался весь народ
На площадь,
       к месту страшной казни.
А ветер неустанно выл
Разбесновавшимся кошмаром,
Величием природных сил
Летая в наважденьи яром.

«А эта дева — сущий бес, —
Шептали злобные «святые», —
Пошла духовности вразрез,
Надев доспехи боевые.
Затеяла лихой мятеж,
Явивший пагубные страсти,
Всесилием Господних веж
Творя коварное несчастье!
Все воины горели гневом
И ненавидящим умом,
Идя на поводу у девы…
Ее ведут! Молчим о том!»
Орало сумасбродство свор
Неумолимые проклятья,
Являя низменный позор
И первобытные понятья.
Вопила дерзкая молва
Коварным противостояньем:
«Гласи последние слова
Чистосердечным покаяньем!
Боишься ярого огня,
Что злодеяния разрушит?
Светлее благостного дня
Очистит пагубную душу!
За страшный сатанинский час
Проси прощения у Бога,
Лбом бейся оземь и сейчас
Все отмоли грехи убого».
Подняв ресницы тяжких век,
В глаза взглянула сумасброду,
И отголоском слезных рек
Прорвался тихий глас к народу:
«Нет, мне неведом жуткий страх

Коварной смерти бледнолицей,
Ведь души не горят в кострах
Кошмарных ваших инквизиций!
Есть то, чего вам не понять,
Когда, отверженных сжигая,
Хотите злобою буять,
Свои пристрастья распаляя.
Есть то, чего не знали вы
Среди порочного разгула,
Когда всесилием молвы
Ненастье души захлестнуло.
Есть в обреченности сией
Бессмертья жизненные взлеты
Над полыханием огней
Благословением свободы.
Есть духа неустанный бой
С определенностью смиренья,
Где лик прозрения святой
Возвышенностью посвященья.
Вы подло предаете Бога,
Ведь ваша праведность глуха,
Когда коварностью подлога
Творите пагубность греха.
Я принимаю кару смело!
Палач, скорее поспеши
Сничтожить женственное тело
Моей воинственной души.
Ты, страшный век, смертями жалишь,
И зло неистово вершит,
Но, вопреки, из всех пожарищ
Бессмертно Правда воспарит!»

# ИОАНН ГРОЗНЫЙ

Немыслимо угрюмым ликом
Всходила ранняя заря,
Разбуженная диким криком
Остервеневшего царя,
Чтобы нелепостью боязни
Являя благодатный круг,
Взирать на массовые казни
Извечно неугодных слуг.

*Грозный:*

Неугомонностью веселья —
Мария\*, сизая голубка,
Испей отравленного зелья
Из предназначенного кубка!
Пусть поведут тебя нагую,
Ослепшую, немую, босую
Во тьму колючую ночную,
На смерть лихую, безголосую.
Пусть весь народ покорный земский
Мои приветствует порядки!
Ты не согласен, князь Вяземский?
Тогда сыграй с медведем в прятки!
Ведите поскорее бурого!
Я для потешного обличья
На пару дам тебе Сабурова
Метаться обреченной дичью.

---

\* Княжна Мария Долгорукая (Долгорукова) (ок. 1555 — 12 ноября 1573) — по некоторым сведениям — 5-я жена царя Ивана IV Васильевича Грозного, казненная им на следующий день после свадьбы.

Когда твоя начнется мука,
Я лютой злобой воспарю!
Малюта, вот тебе наука,
Как супротивничать царю!
Ты мне покорен несомненно,
Но лишь изменишь царской воле,
Тебя казню я непременно
И дам на корм воронам в поле.
Вы все, натурою благие,
Прислужники негодные,
Таите сговоры лихие,
Лукавому угодные!
Со слов Сильвестра и Адашева*,
Пренебрежением лица,
Не чтите государя вашего —
Увидите стезю конца!

Ох, осень, пагубностью цели
Пойдешь безумие плодить.
Крамолой головы созрели —
Смерть будет урожай рубить.
Неутомимы мы с тобою
Всевластной силою своей.
Укрой опавшею листвою
Тлен человеческих костей.

Я неустанно богомолен.
Неумолимостью ночей
Осознаю: смертельно болен
Недугом жертв и палачей.

---

\* Сильвестр и Адашев — советники Иоанна Грозного. По представлению некоторых историков, Сильвестр и Адашевым образовав дуумвират, более десяти лет правили государством и обеспечивали благосостояние страны.

Слезами горькими обмою
Животворящие персты,
Чтоб обреченностью лихою
Взошли могильные кресты.
А по бескрайней волости
Бесчинствуют опричники.
Поберегитесь вольностей,
Крамольные станичники!
Но, для своей всевластности,
Могуществом сознания
Прибавлю алчной ярости
В порочные деяния.
Промчусь я
        Красной площадью
По головам опущенным,
Топча гнедою лошадью
Покорность неимущую.
Узнав в худом известии
О царстве правду тяжкую,
Я полоумным действием
Разделаюсь с Ивашкою.
В лихих умах задворщиков
Предательство задумано...
Сожгу-ка заговорщиков
Мятежного игумена!
И чтоб не стала бойкою
Чернь в сумасбродных говорах,
Я попирую с Борькою
На всех казненных сговорах.
Коварностью кромешная,
Безумьем вопиющая,
Натура моя грешная —
Немилость всемогущая!

# НА СМЕРТЬ ИОАННА ГРОЗНОГО

Неделя горькою была
Во всей измаянной России,
Где возглашали купола
Акафисты под небом синим.
Безумье расшибало лоб
Неутомимостью лихою,
Хоть был уж заколочен гроб
И тело предано покою.
Отгоревали слезно все,
И лучиком блеснуло счастье,
Когда в предутренней красе
Сбежала ночь, забрав ненастье.
Закончилась стезя утех
Усладой невообразимой,
Где воцарялся жуткий грех
Опричниной неумолимой.
Все сникло,
      но с блаженством чувств
Свой крест серебряный целуя,
Твердила тихо «аллилуйя»
Испитая проклятьем Русь.

# БОРИС ГОДУНОВ

Как по всей Руси звоны разнеслись,
Да столицею говоры слышны,
Что сегодня сам
                Годунов Борис
Заступает царствовать на престол страны.
Не жалей вина, погреба открой,
Веселись, народ, упоенно всласть.
Пусть на Красной площади будет пир горой —
Прославляйте все избранную власть!

*Борис:*

С челядью к заутрене я пойду в приход,
Помолюсь за Спас, не поднявши век,
А со мною Русь пусть поклоны бьет:
«Благодатен будь царствованья век!»
Хоть уже стою в золотой порфире я,
Но проносится мыслей дикий шквал:
Как дела там у монаха Порфирия*,
Лишь бы с Дмитрием он не оплошал.
Не узнал бы люд о моей вине,
Да о том, как был пагубный удел...
Загуляй, страна, утопив в вине
Злодеянья всех греховодных дел!
Я коварно выиграл ревностную власть,
Хоть пронес пуды низменных вериг,
Проведу теперь царствованье всласть
В круговерти всех жизненных интриг.

---

   * Порфирий — предполагаемое имя монаха, которого Борис Годунов нанял для устранения цесаревича Дмитрия.

А ты сегодня что не шустрый
И пригорюнился слегка, поди,
Боярин мой, дружище верный — Шуйский,
Ведь у тебя еще все впереди!
Хлебнешь и ты сией кровавой страсти,
Ведь, как своей натурой ни крути,
Потянет и тебя к великой власти —
К ней все, бесспорно, хороши пути.
Покоя не дают грехами старыми,
Но многое народ безмерно врет.
Вот скоро расквитаюсь я с татарами
И сразу предрешу божественный исход.
Пусть жив мой люд средь века слезного,
Но им пенять ли на свою судьбу?
Давайте так помянем
                    Иоанна Грозного,
Чтобы перевернулся он сейчас в гробу!
А вся страна сейчас, смиряясь и покорствуя,
Молитву веры и надежды мне вторя,
Трубя в златые горны, не противоборствуя,
Воздвигнет на престол тщеславного царя.
Эх, веселись, ликуй, честной народ,
Ведь есть в тебе Божественная сила!
Кути отчаянно, великая Россия,
Пока душа к Творцу не отойдет!

# ПЕТР I

Неистово палят мортиры,
Сверкают острые штыки...
Надев парадные мундиры,
Идут гвардейские полки.
Мир созиданьем окрылился,
Деянья мудрые творя,
Когда возвышенно явился
Порыв великого царя.

*Петр:*
Господь! Ты дал мне Русь такую,
Какой ее я помнил с детства:
Всегда голодную, босую,
Как суженую без наследства.
Я видел страждущую бедность
Натурой праведной своей,
Где плачет жертвенная бледность
В приходах стонущих церквей.
Твердили грешные изъяны
Мировоззрение одно:
Души разорванные раны
Судьбой залечены давно.
Но, как сумбурная фатальность,
Где разорения видны,
Глаза наполнила реальность
Полуразрушенной страны.
А мне не терпится. Я — первый!
В работе так немногословен,
Стропя расшатанные нервы
Таскиванием сосновых бревен.

Смочив простуженное горло
Чекушкою перченой водки,
Я удивительно проворно
Чиню испорченные лодки.
О Русь, что бедами испита,
Я, осушив озера слез,
Кладу фундаменты гранита
Под белые тела берез
И, распахнув камзольный ворот,
Всесильем зодческих манер
Выстраиваю дивный город
Великих прогрессивных сфер.
Воздвигнув шлюзовые схемы
Своим умом мастеровым,
Надену колокольням «шлемы»,
Вручу просторы мостовым.
Хоть кажутся друзья врагами,
Являя дерзкое лицо,
Я древнеримскими богами
Украшу череду дворцов.
Поворотив страну на Запад,
В Европу «прорублю окно»,
Чтоб забуял там русский запах
С неистовостью заодно!
Гнетущей тягостною ночью
Я ощущаю, что устал,
Но, разорвав сомненья в клочья,
Душой гореть не перестал.
Ползут морщинистые борозды
От сокрушительных обид...
Сбривайте старческие бороды,
Приобретая светский вид!
Историю Руси листая,

Крестами мачт под небеса
Пущу фрегаты птичьей стаей,
Подняв надрывно паруса.
Плыви, могущество оплота,
Покинув неприступный форт!
Усердием крови и пота
Я создал легендарный флот!
Пусть возвещает русской речью
Просторами морей и рек!
Давайте мощный залп картечью,
Приветствуя рассветный век!
Долой превратные сужденья!
Став созиданьем на челе,
Я оглашаю возрожденье
На Богом врученной земле,
Ведь все, что жизненною силой
Утрачено в лихой судьбе, —
Моя великая Россия,
Сегодня я вернул тебе!

# ПЕТРУ I

Тому, кто был душою прост,
Являя мудрую опору,
Мой скромный стих ли станет в рост,
Моя строфа ли будет впору?

Среди неугомонных бурь
Ты жил натурой великана,
Что выгнал из России дурь
Всесильем правящего сана.

В Европу отворив окно,
Проветрил затхлую державу,
Дав свет туда, где век темно,
Себе снискав почет и славу.

Благодеяньями велик,
Ты побужденьями святыми
Державе изменяя лик,
Возвысил праведное имя.

И на родной земле сама
Твоя бессмертная природа
Душою русского народа,
Священным гением ума.

# ЕКАТЕРИНА ВЕЛИКАЯ

Когда сникает свет идей
Всесильной жизненной науки,
Беда коварностью своей
Являет тягостные муки.
Ох, доля женская — весь век
В терзаньях страждущего мира,
С рожденьем нового кумира,
Царей, юродивых, калек.
Тщеславны возгоранья страсти,
Когда, мятежность затая,
Вдруг возжелает сердце власти
Величьем собственного «Я»,
Чтоб с прозорливостью мессии
Свободу сумрачно вдохнув,
Войти в историю России,
Отрадно душу распахнув.
Явить всесилие сознанья
Из бездуховной темноты,
Чтоб благодатью созиданья
Творить заветные мечты,
Где величавою хозяйкой
Все Бытие перевернув,
Сложить идейною мозаикой
Россию, царству присягнув.
Но ненасытная утроба
Начнет всевластием буять,
Чтоб по Руси витала злоба,
Зовя к восстаниям опять.
Здесь, изувеченный в неволе,
Является смертельный вид,

Чтоб, люто проклиная долю,
Россия плакала навзрыд.
Неблаговидные сужденья
Ползут по страждущей стране:
«Теперь закончится правленье
Твое на русской стороне!»
Нет! Полноправно усомниться
В таких нелепых новостях,
Высокомерно возгордиться,
Воздвигнув город на костях.
Вот власть беспрекословной силы —
Творить тщеславно, без границ,
Чтобы смотрело пол-России
На мир из каменных темниц.
Вокруг голодны, босы, голы
Блуждают, злобу затая,
Когда метут твои глаголы
Порабощенные края.
Но фавориты все стремятся
Упиться сладостью ночей,
Увидев пагубность очей,
Что дьявольским огнем искрятся...

*Екатерина:*

Блуждая в роковых потемках
Моих таинственных миров,
Ты растолкуй мне, князь Потемкин,
Премудрость чувственных основ,
Чтобы, внемля душевной страсти,
Хранить в житейскую юдоль
Неповторимый скипетр власти
И Богом врученную роль.
Чтоб, подойдя тщеславно к трону,

Творить оправданное зло,
Надев имперскую корону
На величавое чело.
Держать правление умело,
Деянья мудрые свершив,
Наполнив страждущее тело
Благоволением души.
Проникновенно страсти чаять,
Преобразив духовный мир,
Чтобы желаниями таять
В объятиях любовных игр.
Наедине с судьбой придворной,
Что изворотливей ужей,
Являться с милостью притворной,
Сбежав от прихоти мужей.
И, пробуждая Божью жалость,
Молить:
    «Помилуй и спаси
Ту, что отверженно осталась
Твоей вдовой Всея Руси!»

# СУВОРОВ

Опять февраль коварной вьюгой
Являет своенравный лад,
Где завывает тьма округой
Да скачут кони наугад.
Пороша сыплется за ворот,
Шалят неистово ветра,
И открывает властный город
Величье славного Петра.
Метет колючая поземка,
Звенит тревожно бубенец...

*Суворов:*
Не зря сегодня сам Потемкин
Меня вдруг вызвал во дворец.
Как двойственны его деянья
Разнообразием причин,
Неоспоримостью признанья
Помянув генеральский чин.
Насмешливые изреченья
Тщеславно будут оглашать
И светские нравоученья
О том, как лучше воевать.
Укажут с завистью лихою
На то, что сделано не так,
И посмеются за спиною:
«Какой наивнейший чудак...»
Вам бы сперва в батальной тактике
Малейший опыт получить,
Задорно поиграв в солдатики,
А не Суворова учить!

Вам находиться в окружении
Льстецов, играющих в любовь,
А не командовать сраженьями,
Где льется человечья кровь.
Все то, чего душой хотели,
Вы получаете сполна,
Когда за «доблести» в постели
Дают чины и ордена.
Ты, Петербург, уныло тужишь,
Внемля объятьям тишины,
В интригах и коварной стуже
Не ведая тревог войны.
Тебе ли говорить о бедах,
Являя громогласный слог,
Когда известья о победах
Приносят радостный итог?
Бойцы, отдав долги Отчизне,
Сложили головы в боях,
А ты величественным смыслом
Не вспоминаешь о сынах.
Укутав в тучевые шали
Обледеневшее лицо,
Из-под заснеженной вуали
Глядишь мансардами дворцов.
В тиши великолепных залов
Царит тщеславья карнавал,
Здесь не слыхать ревущих залпов,
Не ощущать картечный шквал.
Заела в Питере унылом
Неодолимая тоска?
А мне сейчас под Измаилом
Да туркам бы намять бока!
Лихим порывом — в чисто поле

И гренадеров два полка, —
Вот где душевное раздолье,
Которое дают века.
А мне бы арсеналы стали
Да героически — вперед,
Пройдя заснеженные Альпы,
Победный совершить поход.
Устал выслушивать я речи,
Когда душа кричит: пора
Бежать туда, где свист картечи
И смертоносная игра.
Туда, куда зовут мортиры
Творить победоносный слом,
Где обагряются мундиры
Неистово-коварным злом.
Где разражается ненастье,
Но доблесть не заставит ждать
Свое божественное счастье
Наукой ратно побеждать.
Там нет интриг лихого вороха,
Который обуял верхи,
Там ноздри чешет запах пороха
Стезей воинственных стихий.
Там крепость тела силой духа
В баталиях даст устоять,
Когда коварная разруха
Являет пагубность опять.
Сменю наряды бытовые
На залежавшийся мундир,
Чтобы победы боевые
Преображали ратный мир.
И в дождь, и в зной,
         и в злую стужу

Натура истинно крепка
Всесильем русского оружья,
Разящим острием штыка.
Безмерная неудержимость
Зовет отчаянно вершить
Немыслимую одержимость
Победных боевых вершин.
Ведь верою в военном деле
Глаголет благодатью сил
Живущая в строптивом теле
Великая Душа Руси!

# СТЕПАН РАЗИН

Благословенные века!
Когда приходит осень жизни,
Мы просим небо в укоризне
Не супить брови-облака.
Игривый ветер в чистом поле
Окликнет в дымке золотой:
Вовек, Степашка,
            голубь-воля,
Не овладеешь ты страной.
Чего бесчинствуешь, с издевкой
Деянья гнусные творя?
Не быть России блудной девкой
Во власти глупого царя!
Гляжу, по недругам разбитым,
Что боевой настрой неслаб,
Но сколько завывает баб
По мужикам, тобой убитым?
Неугомонна злая братия
Остервенением лихим,
И по Руси ползут проклятья,
Повиты именем твоим.
Ты с демоническою силой
Бредешь кошмарною чумой,
Погибель всем
            на острых вилах
Неся разбойничьей войной.
Негодованьем сумасброда
Русь окаянно поругал,

И глас священного синода
Тебя анафеме предал.
Ты Господа не станешь слушать,
Когда все бесится кругом,
Ведь и невинные все души
Пнул тяжеленным сапогом.
Упившись сладострастьем вволю,
Собрал весь нерадивый сброд,
Желая дать народу волю,
Но вышло все наоборот.
Окинь проникновенным взглядом
Опустошенные места,
Где все полито трупным ядом
С веленья твоего перста,
Где распаляющимся ликом
Является разлад души,
И беснованием великим
Ты злодеяния вершишь.
Войну затеял ты с размахом,
Не зная о своей судьбе,
Ведь плачут уж
           топор и плаха
На Лобном Месте по тебе.
Теперь закончится проруха,
Которая брела босой.
Тебя костлявая старуха
Давно заждалася с косой.
Ведь в этой жизни, как известно,
Пред тем как труд вершить любой,
Не задним нужно думать местом,
А просветленной головой!
Хлебнешь еще слезы соленой,
Узнаешь, кровушка почем,

Когда сведут тебя с Алёной\*
На плахе перед палачом.
Но не тебе назваться трусом,
Ведь ты, являя вечный риск,
С неистовым Василем Усом\*\*
Азов штурмуешь и Симбирск.
И жизнь разгульную, хмельную
Все прожигаешь, ведь не лень
Век панихиду чумовую
По душам править каждый день.

*Разин:*
Когда несу лихое горе,
Знать, что посеял — то пожну.
Я с суженой сегодня в ссоре,
Пленив персидскую княжну.
Перед глазами пьяных братий
Ей почести невелики —
Ступай-ка из моих объятий
На дно бушующей реки!
Упейся, Русь,
        боярской кровью,
Усладней красного вина,
Хмелея пагубною новью,
В которой ненависть одна.
Пусть режут дерзостные речи
Острей булатного клинка,
Чтобы неслась разящим смерчем
Лихая ярость мужика.
Верша победу за победой,

---

\* Алена — жена Степана Разина.
\*\* Васи́лий Родио́нович Ус (? — лето 1671, Астрахань) — донской казак, один из руководителей Крестьянской войны под предводительством Степана Разина 1670–1671.

Продолжу величавый путь
Стезею, дерзостью воспетой,
Что страстью разрывает грудь.
Но тешу сам себя, как прежде,
Извечно сетуя на то,
Что жив единственной надеждой:
Грядущим, где я сам — никто!

Добавь мне сумасбродства, воля,
В бунтарский жизненный удел,
Который преподносит доля
Величием коварных дел!

# ЕМЕЛЬЯН ПУГАЧЕВ

Шумят леса осенней страстью,
Напитывая неба синь,
Где пролетает Птица Счастья
Обожествившейся Руси.
Не опочить душе убогой,
Сомкнув безмолвные уста,
Когда судьба прошла дорогой
Под гнетом барского хлыста.
Столетье — по колено в грязи,
По горло
            в жертвенной крови,
В грехах интрижной тайной связи
И чувствах пламенной любви.
А я натурой безутешен,
С бесовским норовом в душе, —
Уж сколько раз коварно грешен,
Что и не счесть, поди, уже!
Не передать лихие муки,
Копившиеся век во мне,
Но сутью жизненной науки
Я вновь от Бога в стороне.
Ведь у меня иная вера
В миротворящий оборот:
Пусть сгинет царская химера
Да вознесет меня народ!

Мне ветер завывает в поле,
Сгоняя сотни птичьих стай.
Как ты неугомонна, воля,
А я бесчинствовать устал.

Я промотал
         святое счастье
Неутомимостью бунтов,
Где разжигаются ненастья
Агониями ярых слов.
Но я познал, как стонут ночи,
Ведущие безумный сказ,
Где обреченные пророчат
Мою неистовую казнь.
Сознание кипит от нови,
Являющейся жутко мне,
Когда струятся реки крови
При демонической Луне,
Когда неистовостью часа,
Остервеневшим упырем
Разносит буря запах мяса
Над пожирающим огнем,
Когда есть палачам работа
В полуистерзанной стране
И беснованьем эшафота
Играет злоба в тишине,
Когда в кошмарные объятья
Зовет полночная пора,
Где неуемные проклятья
Провозглашают из костра.
Когда смерть зазывает в гости —
Неумолима и слепа,
Когда трещат на пытках кости
И брызжут мозгом черепа,
Когда неистовым деяньем
Ничтожатся тирады слов,
Когда казнят колесованьем
Среди отрубленных голов.

Но пусть во справедливой каре
Вам не сносить всем головы...
Ну что, тщеславные бояре,
Хлебнули горя ныне вы?

Ох, ты, бродяга — вольный ветер,
Тебе со мной в боях летать!
Скажи мне лучше, где на свете
Крестьянам правду отыскать?
Скажи мне, Совесть,
                  я покаюсь,
Свою обиду затая,
Но ведь для бедных все стараюсь...
Поведай втайне,
                прав ли я?
Коль долго быть мне среди знати
Величием своей души —
Ох, сколько бы спалил усадеб
И как усердно бы грешил!
Она вовеки не ответит,
Лишь Разум скажет пару слов:
Нацарствовался, Петр Третий?
Навоевался, Пугачев?
Посмотришь, скоро Русь, ликуя,
Решит твой роковой исход
И возле плахи, торжествуя,
Жестокий приговор прочтет.
И будешь безысходно слезно
Взирать на жуткий оборот.
Осмыслишь чрезвычайно поздно,
Каков твой преданный народ!

Как он сумеет измениться —
Тот, коего ты защищал,
Другими станут эти лица,
Проклятий извергая шквал.
Лихое время недалеко,
Когда, мятежностью губя,
Постигнет душу бремя рока,
Уничтожая вмиг тебя.
Своя жизнь истинно дороже,
Чем судьбы недругов твоих,
Но рано или поздно все же
Увидишь зло идей лихих.
В мирской суетной круговерти
Среди извечной маеты
Своей спокойной, тихой смертью
Не умирал такой, как ты.
Всесилие безумной мысли
Проявит жуткий оборот,
Когда неумолимым смыслом
К тебе возмездие придет!
Тогда с неимоверным криком
Надежда ветхая умрет,
Предсмертным обреченным ликом
Глядя на жизненный исход.
Закончатся, как злая небыль,
Твои воинственные дни,
Взметнувшись отрешенно в небо...
Еще узнаешь, кто они —
Извечно жаждущие крови,
Поддержкой палачей, оплот
Для распаляющейся нови,
Шальная чернь, продажный скот...

*Пугачев:*

Всех виноватых наказать бы!
За это ныне я берусь!
Громи боярские усадьбы,
Разбесновавшаяся Русь!
Дай Бог, чтобы по предсказанью,
Неутомимостью потуг
Всецело завладеть Казанью
И взять осадой Оренбург!
Пред войском вихрем пронесусь я,
Явив неистовую плоть,
А коль не властвовать мне Русью,
Тогда храни вас всех, Господь!
И если умереть Свободе
На казнях в траурной тиши,
Тогда пусть оживет в народе
Мятежность пламенной души!

# СЛОВО ЕМЕЛЬЯНА ПУГАЧЕВА

Снегами землю кутая,
Бесчинствуют ненастия.
Ох, Русь моя разутая,
Где потеряла счастье?

Расхаживает долюшка
Кручиною по теремам,
Иль перекати-полюшком
Безвыходно затеряна?

Покинув ночи пленные
Испуганною птицею,
Яви мечты священные
Господнею светлицею.

Не запоют соловушки,
Им бойни опостылели.
Безмерно нашей кровушки
Мы обреченно вылили!

Немало ныне горюшка
Отчаянно скитается,
А праведная волюшка
В темницах жутких мается.

Лишь Русь воспрянет силами
Да запылает избами,
Вы косами да вилами
Ее оттуда вызвольте.

Освободите, родную,
От ярого всевластия —
Натуру благородную
Божественного счастья.

Стенанья сел послушаю,
Уныло неутешные,
И опосля с Хлопушею
Виновных перевешаю.

Пускай себе болтаются
За злобные деяния —
На ветках уравняются
Полученные звания.

Лелею мысль коварную —
Всевластну и юродиву:
Как силою бездарною
Отвоевать мне Родину?

Лечу лихою «тройкою»,
Пуская вражью кровушку.
Придет черед, соколики,
Сложить свою головушку.

Ох, думы неуемные,
Да норовисто русские:
Как одолеть огромные
Укрытья оренбургские?

Императрицыны «мужья»!
Лишь изольюсь в коварстве,
И доберусь до вас уж я
В своем великом царстве.

Раздарим бедным волю мы,
Сничтоживши отродия,
Рассеяв мракобесье тьмы
В освобожденной родине.

Так пусть же в Русской волости
Носиться не устану я
Свирепым ветром вольности
Народного восстания!

# ИВАН БОЛОТНИКОВ

Опять неласковая осень
Сечет прогорклостью дождей,
По тлену выгоревших просек
Бродя убогостью своей.
Летают с криком птичьи стаи
Над черной пахотой полей,
Взирая, как мечтой растаял
Косяк прощальных журавлей.

*Болотников:*
А мне бы дерзостно промчаться
По упоительной земле
Да обреченьем постучаться
В сердца, бедою на челе.
Затеять радостные пляски,
В которых нравственность пуста,
Лишь опосля боярской встряски
Лобзая серебро креста.
Упасть в осенние дубравы
Благословенною слезой,
Когда некошеные травы
Искрятся утренней росой.
Но на душе, как на погосте,
Лежит забвения вуаль
И в сердце заползают гости:
Тоска, отчаянье, печаль.
Внемля пристрастному участью —
Являть тяжелые грехи,
Я, вопреки святому счастью,
Прольюсь безумием стихий.

И немотой звенящей этой
Пусть Бог полночно разрешит,
Как жить в России недопетой
Бунтарской бестии души!

## БОЯРЫНЯ МОРОЗОВА

С молитвою рассветною
Всходила зорька ясная,
Душою самоцветною
Раскинувшись окрест,
Лучистым излиянием,
Красотами всевластная,
Божественным сиянием
Явила горечь мест.
Летела в дали вечные,
Обняв святую женщину,
Что, покаянно мучаясь,
Молилась впопыхах.
Ох, время скоротечное,
Которое завещано
Неистовою участью
Коварного греха.
Натурою безгласною
Крамольная раскольница
Скрывала тугу страстную
В глубинах карих глаз.
Смятенью неподвластная,
Опальная невольница
Судьбу свою злосчастную
Кляла в сумбурный час.
К простолюдинам —
    добрая,
Боярами —
    отвержена,
Блаженною манерою
Сподоблена гореть.

Торжественностью — собрана,
Разгневанностью — сдержана,
Божественною верою
Уничтожая смерть.
Народ повалит толпами
Взирать на муки страшные,
Измаянной душой своей
Господ не возлюбя.
Земля полна холопами —
Смиренными, вчерашними,
В смятении коварных дней
Предавшими тебя.
Ты верою — великая,
А оправданьем — нищая,
Бредешь простоволосая
На яростную казнь.
Гляди,
   как Русь столикая
С неистовостью рыщет,
Лихими отголосками
Вторя мятежный сказ.
Скрипит снег под полозьями,
За сапоги цепляется,
И люди не дают, поди,
Движения саням.
Юродивые ползают,
В ногах ее валяются,
Хватаясь за поводия
Пугливого коня.

*Морозова:*
Века Господней верою
Русь наши души полнила,

Святым величьем знаковым
Являясь в скорбных днях,
Но злобною манерою
Ложь приговор исполнила,
Чтобы теперь Аввакумом\*
Душе гореть в огнях.
Тебя вели темницею,
Калечили секирою,
Уничтожая казнями
В затерянных местах!
Неутомимой птицею
Хочу лететь по миру я
С молитвенными сказами
В божественных устах.
Тебя, коварно мучая,
Заставят слезно каяться!
На кару поднебесную
Мы сосланы сюда.
Ох, доля невезучая,
Что одиноко мается,
Где в исповедь воскресную
Горит моя звезда!
Поплачьте, люди добрые,
Простите, души милые,
Пусть откровенно на сердце
Прозренье снизойдет.
Преобразиться пробуя
Благословенной силою,
Являет век в сумятице

---

\* Аввáкум Петрóв или Аввакýм Петрóвич (25 ноября (5 декабря) 1620, Григорово, Нижегородский уезд — 14 (24) апреля 1682, Пустозерск) — видный русский церковный и общественный деятель XVII века, священник Русской православной церкви, протопоп, автор многочисленных полемических сочинений. Сожжен в Москве за раскольничество.

Трагический исход.
А если злоба дорога,
Тогда, Христа предавшие,
Неистовыми распрями
Вы расшибайте лбы.
От пагубного вороха
Да злодеяний вражеских
Ведет вас силой властною
Мир на отшиб судьбы.

Не изрекай проклятия
И не пророчь несчастия,
Пусть им Господь с повинною
Всю участь разрешит.
Монашеские платия
Духовностью причастия
Страна твоя чужбиною
Отверженно хранит.
Пусть по церквям раскольники
Звонят в набат малиновый,
Ярит зима морозами
И завывает грусть
Там, где судьбы невольники
Везут в завал осиновый
Боярыню Морозову —
Бунтующую Русь!

# ФРАНЦУЗСКАЯ РЕВОЛЮЦИЯ

Как можно безысходно жить
Безумно обреченной новью?
Всех, кто привык кровь нашу пить, —
Напоим окаянной кровью.

Народ в стремлении лихом
Грядет величием возмездья
Расправиться с коварным злом
Своей неумолимой местью.

И сердце — яростью в груди
Горит неистовостью веры
В стезю свободы впереди
С благословенья Робеспьера.

Ликует грохот канонад
Всесилием вооруженья
На терриконах баррикад
Неутомимого сраженья.

Своей судьбою роковой
Творя воинственную мессу,
Мы рвемся в смертоносный бой
И запеваем «Марсельезу».

# КУТУЗОВ

Рассвет вздымается с угаром
В неиссякаемых дымах,
Взирая, как лихим кошмаром
Москва купается в огнях.
Прости, прекрасная светлица,
За то, что взял тебя француз,
Чтоб мимолетно насладиться
Звучанием победных муз.
Бесчинствуют шальные своры
Захватчиков — хмельных вояк,
Но среди них уже раздоры,
Дележка денег, свалки драк.
Русь, ты сейчас заветно хочешь,
Чтобы взошла твоя звезда.
Врагов присутствие закончишь
Сегодня явно навсегда!
А до плечей моей Отчизны
Наполеон ведь не дорос.
Хлебнешь еще плачевной тризны
От наших ружей, вил да кос!
В свободном сердце сила воли
Благонамеренность дает.
Лишь встретимся мы в чистом поле —
И предрешится ваш исход.
А те, кто в битвах безучастны,
Не напрягая слабый дух,
Пусть ожидают славы страстно
Среди придворных потаскух.
Гляжу, непрошеные гости,
Назад спешите налегке...

А ну, зима, морозь им кости
В снегах при встречном ветерке!
Пощекочи им нервы, голод,
Огрей, Давыдов, рогачом,
Чтоб недруги узнали в холод,
Как в гости приходить с мечом.
Пусть страшной карою Господней
Грядут российские войска,
Чтоб перед встречей с преисподней
Болели тощие бока.
Судьбы короткая дорога —
От первых роковых побед
До падшей славы у порога
Коварных, нерадивых бед.
Вороньим кормом на полях
Запомнит враг в часы исхода,
Какая русская земля,
Каков дух русского народа!

# НАПОЛЕОН
## *(Монолог I)*

Господь! Ты обошелся слишком жестко,
Не вняв сейчас раскаянью вполне!
Да, ныне уж гремят не мне
Овации с ликующих подмостков.
Я взвился над землею дерзко
И славу упоительно снискал.
В Истории с неповторимым блеском
Мне роковые дни ваяли пьедестал.
В неугомонном чувственном стремленьи
Являлся мой на сцене мира первый акт,
Но вдруг все сникло в роковом мгновеньи
И был объявлен жизненный антракт.
И оказался я среди изгнанья,
Наедине с проклятьем сумрачных небес,
Где упоительно играет бес
Мотивы ревностных воспоминаний.
Пусть кавалькады триумфальных звуков
Исчезнут в гулком трепете ночей,
Где боль души в невыносимых муках
Приходит откровением речей.
Но в глыбах водяной бушующей громады
И в стонах пролетающих
       на Запад журавлей
Мне грезятся могучие армады
Неугасимой дерзости моей.
...Я душою своей изнемог в бесконечности
Порицания злобных коварных невежд,
Где лихая минута взрастает до Вечности

В безответных молитвах уставших надежд.
На Вселенском клочке мирового безверья,
Где я пагубность горя фатально учу,
Ты закрыл, Боже, ревностно райские двери,
Но прошу об одном:
                не гаси благодати свечу!
Прискорбностью затерянной неволи
Сегодняшний мой обреченный быт.
Я отыграл свое великолепье роли
И вот теперь отверженно забыт.
Ведь я всю жизнь был вопреки и против,
Свою судьбу бесстрашно совершив
Порывами неукротимой плоти
В стремлениях неистовой души.
Да, эта мирозданная проблема
Неумолимой силой Бытия
Явила нерешенную дилемму
Моей страны с величественным «Я»!
Но, может, заиграют струны счастья,
Что восхитительно возносят нас,
И милости Фортуны, средь ненастья,
Предложат мне последний шанс?
Тогда переиграют жизненную пьесу,
И мир меня потребует «на бис»,
И я душой отверженной воскресну,
Являясь из-за поднятых кулис.
И обновят сценические роли,
Где я надену лавр победного венца,
Чтоб жизнь явила в горестной юдоли
Финальный эпилог всевластного лица!

# НАПОЛЕОН
## *(Монолог II)*

За дерзкий вероломный нрав,
Явивший алчное стремленье
К величью мирозданных прав,
Прошу я, Господи, прощенья!
Хочу усердно побороть
Всесилие тщеславной страсти,
Что взбудораживает плоть
Влеченьем к безграничной власти,
И радужным блаженством грез
В космических потоках света
Смотреть,
         как мчится между звезд
Неутомимая планета.
Безумие веков, ликуй
На поприще лихого пира,
Чтобы коварный поцелуй
Перечеркнул законы мира!
Пусть я сегодня неугоден
И очернит меня молва,
Чтоб пострадала голова
За то, что ум мой сумасброден.
Пусть от бессильного проклятья
Отчаяньем иссохнут губы:
Как мы себя нелепо губим,
Открыв сердечные объятья!
Судьбой низвергнутый кумир,
Я повторяю покаянья
За то, что покидаю мир,

Отвергнувший мои желанья.
Прощайте, жизни горизонты
С чредой блистательных побед,
Мои войска и гарнизоны,
Полет удач и горечь бед,
Египетские пирамиды,
Истории воинственные главы,
Осколки судеб на весах Фемиды
И страны ратоборской славы.
Я всемогуществом прельстился,
Идя под сладкозвучный туш,
Но вдруг фатально оступился
Чрез неприступность
                  русских душ.
Себя гордыней обесславил
В краю заснеженных полей,
Где навсегда лежать оставил
Отчизны верных сыновей.
Усильями, высокомерно
Я одержал триумф судьбы,
Разбив неистовые лбы
О безрассудность так чрезмерно.
Ведомый алчною звездою
Дорогой сумасбродной лжи,
Я заплатил безмерной мздою
За призрачные миражи,
И скипетра имперский остов
Затерян в пагубной дали.
Да, это мой финальный остров
Всей завоеванной земли!
Пусть обречение злословит,
Ведь узник собственного «Я»
Не знает то, что рок готовит,

В еде отраву затая.
Теперь душа, сквозь разума оконце,
В уныло-утомленной маете
Глядит, как молча покидает Солнце
Свою причастность к высоте,
И кровь кипит, по венам хлещет,
И боль невыносима в стонущей груди,
Как будто смерть магически,
                      в стальные клещи,
Меня наигранно зовет: «Иди, иди...»
И хочется ей обреченно крикнуть:
Постой,
          ведь жизни вовсе не конец,
И я сумею к одиночеству привыкнуть,
Как Вечности ответчик и истец!
Ведь воспаленные глаза
               мучительных бессонниц
Привыкли к созерцанию сырых темниц,
Что заставляют нас валиться ниц
К разбитой паперти душевных звонниц!
Всех нас, которые грехами вдоволь полны,
Уводит ночь в немыслимой тоске,
И с упоенной жадностью зализывают волны
Последние следы на вымокшем песке.
О Жизнь,
        моя священная подруга,
Ты знай, что перед тем, как веру погублю,
Я выйду из порочного лихого круга,
Прося Всевышнего: «Прости за все, молю!»
О дерзкой славой воспаленное сознанье,
Где власти высочайший идеал!
Я завладел на миг великим Мирозданьем,
Но от Судьбы, увы, не убежал!

*P.S.*
Закрыта роковая брама
Вселенской силой Бытия,
Закончена земная драма
С названием «Трагедия».

* * *

Сгорбленные спины,
Порванные рты,
Скорченные мины,
Блеклые черты.
Страждущие души,
Грешные тела,
Заткнутые уши,
Гнусные дела.
Проявись обречением в пагубных видах
Полоумных свершений великих кровавых эпох,
Чтоб болезненной смертью стал каждый твой выдох
Да истошным проклятием стыл каждый вдох.
Злобой неподсудной —
Скверная пора
Сумасбродных будней
Страшного Вчера.
Жуткие обряды
Нищенской страны,
Низверженье Правды,
Лавры сатаны.
Хаос наваждений —
Глупостью идей,
Бедствия рождений,
Ужасы смертей.
Истекаешь кровью
Во благой красе.
Яростною новью —
Кости в колесе.
Красотой вечерней —
Оптина пустынь,
Сумасбродство черни
Около святынь.

## ТОРЖЕСТВО ПРАВДЫ

Меня преследует беда
Все яростней и неотвязней,
Наполнив жуткие года
Агониями зверских казней.
Неудержимостью своей
Буяет с ненавистью злою
Неумолимою толпою
И полоумием царей.
А демоническая новь
Опять во власти у тирана,
Который упивает кровь
Всесилием лихого сана.
Безумие, ты не спеши
Пресытиться тщеславной страстью,
Ведь есть бессмертие души,
Над коим сатана не властен.
Есть Правда та, где я не гол,
И Вера, где я не юродив,
Когда кощунственный глагол
Вещает казни при народе.
Когда я выйду из темниц
Под тысячи жестоких ливней,
То не окажется счастливей
Меня среди вселенских лиц.

Взирай, разрушенный Собор,
Благою праведностью вечной,
Как, исполняя приговор,
Ничтожат жизнь бесчеловечно,
И знай:
        еще не раз грешить
Всем в сатанинской круговерти,
Не веря, что над силой смерти
Есть вознесение души!

## ЭРА ЗЛА

Воспоминанья сквозь года
Нагрянут мрачными гостями,
Рисуя сцены: кто, когда
Путь к власти вымостил костями,
Идя коварными путями
И добиваясь иногда,
Чтоб зло явилось навсегда
Неумолимыми смертями.
Кошмарный, полоумный сон:
Колоколов финальный звон
И жуткое обилье зон,
Что будут здесь первостепенно
В преображении времен
Творить эпохи неизменно…
Когда мы искренне начали
Являть логический резон,
Скажу вам с нотою печали,
Что был он дьявольски умен
Неиссякаемостью мысли,
Но сколько было в этом смысла,
Когда трагедией большою,
Что распалялась откровенно,
Народ с великою душою
Уничтожался постепенно.
Везде неистовость царила,
Как демоническая сила,
Неутомимою стезей.
И все равно ей, как бессменно
Являть Историю бессмертно,
Ведь человечество безмерно

За полосою роковой.
Давайте злобною порою
Дадим роль новому герою,
Которому двулична честь:
Гордился он дворянским родом,
Хотя приемлем был народом
И самоучками села,
Которых на Руси не счесть,
Что наша матушка природа
Стезей духовного подхода
В награду родине дала.
Тогда семнадцатый шел год,
Что, по идейному поверью,
Ворвался через черный ход,
Парадной прикрываясь дверью.
Упившись злобными веками
Великих жизненных надежд,
Антихристы с большевиками
В стране готовили мятеж.
Их озверевшие умы
Безумием коварной страсти
Отождествляли силы тьмы
Порабощениями власти.
В порыве яростных стремлений
Теорию смертей создав,
В те дни марксист
    Ульянов-Ленин
Писал кощунственный устав.
Свои усердия явил
Он низконравственному свету
И злобою заполонил
Неугомонную планету!
«Теперь, — уверенно сказал он,—

Мы власть получим без подвоха,
Чтоб поперхнулась вещим залпом
Остервеневшая эпоха!»
Пошло идейное растленье,
Как поражающий поток,
И грехотворное стремленье
Всем преподаст лихой урок
В эпоху умопомраченья.
Бесспорно, поздно или рано
Придет правление тирана,
Который волю отберет
Величьем дьявольского сана,
И кровоточащая рана
Всевластьем жуткого обмана
От большевистского дурмана
Пожизненно не заживет…

Все это будет, а сейчас
Пробил «Авророй» страшный час,
И этот выстрел предрешенный
Планету спящую сотряс,
Разбудоражив чувства масс
Страны, сознания лишенной.
Как бесноватая судьба,
Всевластьем мыслей возбужденных
Освободителей — толпа,
Неумолимо вероломных.
А сзади,
    словно Мефистофель,
Возник неблаговидный профиль.
Повергнув мир идейной лавой
Неистово коварной лжи,
Он демонически картаво

Менял глаголам падежи.
Грозя всем головным убором,
Который действенно весом,
Он обусловил жизнь набором
Второстепенных хромосом.
На изменяющемся фоне
Купаясь в гениальном свете,
Он ярость объявил в законе,
А милосердие —
               в запрете!
И в переполненности лож,
Идейностью лихого грима
Везде преобладала ложь,
Торжествовала пантомима,
Где беснование идей
Безмерно сумасбродной эры
Непримиримостью своей
Являло образ новой веры.
Через коварные подвохи
Безумных сатанинских свор
Взирали светлые эпохи
На однозначный приговор.
Мотивом перевоплощенья
Морально-жизненных основ
Лились шальные извращенья
В структуризации миров.
Он воцарялся безупречно
Неудержимостью развитий,
Чтоб на Земле остаться вечно
Организатором событий.
Но, дико покосившись ввысь,
Вдруг поперхнулся он и замер,
И в те мгновенья взорвались

Овации в Колонном зале.
Он демонически охрип,
Отождествив всевластье цепко,
Но, сделав роковой прогиб,
Вдруг протянул народу кепку
И на мгновенье околел...
Так, в позе «яростного зова»
Он много лет не молвит слова
И от бессилия такого
Нам замолчать всем повелел.
Идеи жуткие твердя
Коварностью интеллигента,
Преображением момента
Сползает слава с монумента
Вечно живущего вождя.
И мир, вздохнув устало, сбросит
Того, кто нашу жизнь разносит,
Ведь время милости не просит,
И, приговору вопреки,
Благим началом становленья
И возрожденного мышленья
Есть наш отход от направленья
Его протянутой руки!

# СМЕРЧ РЕВОЛЮЦИИ

Уж октябрь на исходе с победным прологом
Закипает коварной агонией яростных слов,
И тщеславно-воинственным, жутким подлогом
Проявляются действия мрачных основ.

Мир поставлен под пули, пронизан стальными штыками,
И, тая в душах невыносимую спесь,
Стаи падальных воронов
                              вместе с большевиками
Ждут призывного залпа, чтоб вылить кровавую месть.

Остается лишь пару минут до расстрела,
Где безмерное зло изольется в истошном рывке.
Покрывалами ночи окутав бунтарское тело,
Ярость молча упруго сжимает винтовку в руке.

Страшным временем с жуткой заразою в жизни
Встанет завтра заря
                    с кумачовым румянцем лица,
Где единой крови, в теле страждущей нашей Отчизны,
Будут с белыми
              насмерть рубиться их красные братья-тельца.

Сумасбродная новь полоумно-кошмарных деяний
С торжеством демонически властных идей
Станет сущностью неоспоримых преданий,
Что наполнят собой поколенья советских людей.

Будет мерно сочиться стезей бесконечной
Переполненный фактами гнусный рассказ
О вожде, о коммуне,
                 о партии сильной и вечной
Фальшью слов, тленом мыслей, красноречивостью фраз.

Через время всем вам — нерадивые, злые потомки,
Вам — безмолвно-покорным слепцам и глупцам,
Явят чудо-легенды лихие подонки,
Уподобившись низменным подлым лжецам.

Миг безумия неоспоримою метой
Ляжет тенью проклятья в судьбой предназначенный час,
Что тщеславною сущностью будет помпезно воспетый
И обыгранный жизненным пафосом тысячи раз.

Здесь проявится жесткость коварных законов,
Где с усердным порывом поправки внесут
Коммунисты, что гнусностью новых бездушных канонов
Будут править всевластно в стране,
                            учиняя кощунственный суд.

И застынет на мраморных, бронзовых ликах
«Вещих» глаз гениальность и тягостно-ревностный вздох
С гневным прищуром идола эры безумья великой,
Начертавшим начало кровавых эпох.

Воцарится всесильная пафосность новых традиций,
Где расскажет заветность «бессмертных» классических строк,
Как смотрели во тьму озверевшие злобные лица,
Выжидая волками свой дерзкий победный рывок.

...Закусив до крови посиневшие губы,
Подытожив судьбой всю прошедшую радость и грусть,
Мир рождает безумие яро, натужно и грубо,
Этот миг навсегда заучив наизусть.

Грянет ливень свинцовый, и остервеневшей порою
В беснованиях века всевластно взойдет полоумная новь,
Где на прахе почившего самодержавного строя
Встанут жуткая Вера и злая Любовь!

## НИКОЛАЙ II

Заря души священная
С летальною улыбкою,
Ты сущностью блаженная,
Отверженностью зыбкою!

Метет коварная пурга
Буянящей околицей,
Кружа колючие снега,
Хлестая ветром по лицу.

Везде добычу рыская,
Громит ЧК поместия,
Где ныне большевистская
Распоясалась бестия.

Чернят души хоругви
Глазницы жуткой полночи.
Полна Россия горечи
Да подлостью поругана.

Кошмарною химерою
Реальность вся опутана.
Помянем светлой верою
Григория Распутина.

Ох, пагубные ноченьки,
Не ждущие спасения,
И попрекают склочники
«Кровавым воскресением».

Ой, царство с мрачной тризною,
Что яростью разделено!
Как много люду изгнано,
А сколько душ расстреляно!

О Боже, волей случая,
Пусть будет восходящая,
Великая, могучая
Русь, правдою скорбящая.

# ИДЕЯ ВЛАСТИ

Бредет измаянная осень
По разрушеньям старины
И размышления приносит
Проникновеньем тишины.

*Ленин:*
А я ловлю полет мгновений
Неумолимостью затей —
Безмерно всемогущий гений
Эпохи сумрачной своей.
Явилась пагубностью века
От обреченности надежд
Порабощенность человека
Величьем правящих невежд.
Мне все немыслимее ночи
Неугомонностью своей,
Когда несет толпа рабочих
Бессмертие лихих идей.
Являя злобное участье
Остервенением судьбы,
Разжег кошмарное ненастье
Коммунистической борьбы.
Звереют злобные подвохи
Неоспоримых перемен,
Когда струится яд эпохи
Грехопадением измен.
Стянув коварною уздою
Высоконравственность идей,
Сничтожу яростною мздою
Благонамеренья церквей!

Великодействующим саном
Беспрекословности своей,
Декретом землю дам крестьянам,
Чтоб вечно властвовать на ней!
Безумье яростной химерой
Рождает беспредельный страх,
Творя неистовой манерой
Структуризации в веках.
В лихом побоище устоев
Являя козыри свои,
Мы мир
         непревзойденный строим
На закипающей крови.
Власть, демоническим резоном
Создав безмозглую толпу,
Немыслимо фатальным тоном
Кувалдой ухнет по серпу.
Направив беснованье мыслей
В деяний жуткую струю,
Идеологиею смысла
Создам теорию свою.
Мне в ореоле сладострастья
Встает кровавая заря,
Являя пагубное счастье
Убийством русского царя.
В полуоправданных стремленьях
Неутомимого бреда
Запечатлю на поколеньях
Клеймо великого труда.
Пусть в этом многоликом свете
Звучит победоносный глас
И торжествует на планете
Кровавый сатанинский час!

Неумолимая химера
Пронзает острием штыка,
Ведь наша яростная вера —
В безумие большевика!
Пусть прошлое сгниет навеки
В зловонности лихих рутин,
Сомкнув божественные веки
Сетями зонных паутин,
Где распаляющимся пиром
Порабощенных злобных свор
Встает над очумевшим миром
Коммунистический террор!

# 1918 год

Пусть беснование лихое
Разгорячившихся умов
Проявит сумасбродство злое
Негодованием веков!
Когда трагедия настанет
И ненависть заверховодит,
Домам печаль закроет ставни,
А горе двери заколотит.
И будет жизненная мера
В предсмертной полоумной лени
Смотреть, как Бога молит вера,
Став на разбитые колени,
Как с неустанным покаяньем
Бьет неприкаянность поклоны,
В своем немыслимом страданьи
Целуя древние иконы,
Как рвет телесные одежды
Стремление души уставшей,
Последней искоркой надежды
Среди безумья воссиявшей,
И как ликуют тиф и холод
Под крики жен, детей и вдов,
И ненасытно бродит голод
Среди поникших городов,
Пока в прощальной укоризне
Уходит за немую грань
Благословенье светлой жизни —
Эпохи жертвенная дань!

# БЕЛЫМ ОФИЦЕРАМ

Лелеет вольнокрылый ветер
Холмы заброшенных могил,
Где мир пленительно застыл
В сиреневом блаженном свете.

А память заплетет венки,
Их стаей по воде пуская,
От неприкаянной тоски
Всех убиенных поминая.

Столетья светлые глаза
Глядят священным покаяньем
На то, как падает слеза
С икон божественным страданьем.

У церкви туга на лице
Над вечным мировым покоем,
Где ночью белый офицер
Молился страстно перед боем…

\* \* \*

Как мне понять тебя, Россия,
Чтоб мыслью душу приоткрыть:
Стать птицей счастья в небе синем
Или тоскою волчьей выть?

Безумьем злобным обездолен,
Высоконравственной мечтой
К тебе прикован, смертно болен
Неотразимой красотой.

Все скрупулезно подытожив,
Ты клала нас бессонно спать
В свою железную кровать —
ГУЛАГа прокрустово ложе.

Кощунство — низменной манерой
В умах тщеславных подлецов,
Моя душа горела верой
Среди неистовых слепцов.

Я чувствовал свою истому
Сквозь прорицательную вязь,
Набив моральную оскому,
Глядя на дьявольскую грязь.

Духовным светочем обилен,
Являя Истины лицо,
Я осознал то, что бессилен
Перед всевластием глупцов.

Что ж, я дождусь, когда заветно
Жизнь крикнет с мировых вершин:
«Свободен ты! Лети рассветно
К бессмертию Святой Души!»

Да, я уйду, устав блуждать
В твоем невыносимом крахе,
Поцеловав тебя в чело дубовой плахи,
Как пасынок отверженную мать!

\*\*\*

Благая Русь, в года лихие
Верши свой путь, ведь нас не зря
Ждут палачи твои шальные,
Остроги, плахи, лагеря.

Забыв о совести и чести,
Создавшая рутинный быт,
Ты примеряешь перлы лести
К истрепанной мечте судьбы.

Живешь всегда
        безверьем в Бога,
Уйдя на мировой отшиб,
Где оперяется убого
Вселенский Серафим Души.

Мы светлым чувством обжигались,
Храня заветную любовь,
Сбегали, снова возвращались
В твою кощунственную новь.

Летят щемящие мгновенья,
Преображая твой исход,
Где безысходность безвременья
Творит прискорбный оборот.

И ты стоишь в осеннем платье,
Роняя обреченный вздох, —
Благословленна на проклятье
В пору неистовых эпох,

    А я, зализывая раны
    На окровавленных устах,
    Пытаюсь улыбнуться рвано
    Распятой Верой на крестах.

* * *

Всевластие стальным взирает дулом,
Зияющим у самого виска,
Своим коварно яростным разгулом
Напитывая злобные века.

Опять благонамеренная милость
Пророчит упоительную даль,
Чтобы отчаянно в сердцах разлилась
Щемящая извечная печаль.

Опять уныло тягостное бремя
Скитается по тюрьмам, лагерям,
Где безысходностью преобладает время,
Доступное не всем календарям.

Опять на Правде ветхие одежды,
Что прикрывают наготу духовных нег,
Когда по обреченным душам жгут надежды,
Пытаясь тщетно растопить безверья снег.

Опять перед обманутым народом
Отверзлись неправдивые уста,
И толпы наступают крестным ходом,
Неся изображение Христа.

Опять твердятся вечные морали,
Пуская поколенья в жертвенный поток,
И время, созидая по спирали,
Являет свой очередной виток.

...Эпоха управленья человека
Исполнена пороками, как встарь,
Где жизнь слагает судьбы у подножья века,
Как медяки на жертвенный алтарь.

И мир застыл в безмолвном обреченьи,
Глядя на этот полоумный сон,
Забыв теперь о вещем назначеньи:
Зачем благим Всевышним сотворен!

# ПАМЯТИ 1933 года

Теперь
        не мертвых воскрешать
Там, где гниют повсюду трупы,
А тех, кто в силах вопрошать,
Скребя надежд пустые ступы.
Пусть в неприкаянных ночах
Душа в бессильи изнеможет:
«За что нас, всемогущий Боже,
Бросают в дьявольский очаг?»
Среди неистового часа,
За низменные обещанья —
Отведайте, иуды, мяса,
У обреченья, на прощанье!
Испив крови до бессознания,
Буяньте, чтобы горе зажило
Повсюду, где лихим деянием
Похоронили Правду заживо.
Здесь Вера чахнет отрешенно
В колодцах помутневших глаз,
Воззрев, как злобой прегрешенно
Поруган благодатный Спас,
Когда с портретов, не печалясь,
Твой взгляд прицелен, как ружье,
И из лихих глазниц, оскалясь,
Глядит проклятие твое!

\* \* \*

Вновь обречение и холод
Ничтожат плодородный край,
Где жертвами пирует голод —
Смерть собирает урожай.

# ПАМЯТИ 1937-го

Догорает свеча, обронив капли слез
На поблекший оттенок эмали...
Это ты, страшный год, нас бесследно разнес
По этапам в таежные дали.

Вечно в памяти будут шаги у дверей,
Полуночные лица испуга...
Застывает в угасших глазах лагерей
Неустанная мрачная вьюга.

Лишены мы свиданий сегодня совсем,
Горечь чувства в душевных надрывах,
И крамола свободомыслящих тем
Залегают в лубянских архивах.

Время умерло, свой завершая полет
Обреченностью этой лихою,
Где в заснеженных далях безвестных широт
Ты идешь под конвоем с пургою.

Изможденной судьбою отверженных лет
Наши лики живут в Мирозданьи,
И лишь памяти тусклой немеркнущий свет
Изнывает тревожно в сознаньи.

Ночью стонущей тяжко седой Колымы
Перечеркнуты вечные блага,
Но последней надеждой питаемся мы
Под надзором лихого ГУЛАГа.

И не видно уже лучезарной весны,
Где появится счастье святое,
Ведь теперь мы навеки разделены
Приговором режимного строя.

Нет, не все в этой жизни возможно забыть,
Хоть по душам прошлись сапогами.
Верой изгнана смерть, но друг друга любить
Можем мы лишь дождями, снегами.

Безысходностью наш проявляется мир
Под прицелом коварных устоев,
Где священные чувства пронзают эфир
Звездной гаммой сердечных настроев.

Пусть в туманные дали фатальность умчит
Все мечты с обреченною страстью,
Ведь судьба нас с тобой навсегда разлучит
Ненавистной советскою властью.

*P.S.*
Спасая страждущую душу,
Является священный слог,
Ведь то, что сатана разрушил,
Соединит навеки Бог.

\* \* \*

...Ведь когда ты с работы устало идешь,
То благими вселенскими высями
Только Бог тебя в лютую стужу и в дождь
Озаряет священными мыслями.

# ПОСЛЕДНЯЯ ИСПОВЕДЬ
## *(Колыма)*

О нас не вспомнят — будто вовсе нет
Затерянных в глуши архипелага,
Ведь власть надежно укрывает след
Лихого злодеяния ГУЛАГа.

О нас не знают: умерших, больных, —
Исчезли мы навек для наших близких,
И только безнадежно в душах у родных
Один вердикт: «Без права переписки».

Мы — жуткое проклятие Земли,
И участь наша миру неизвестна,
Ведь в этой затерявшейся дали
Все избегают пагубное место.

Здесь веры благодатный свет
Приходит в безысходном настоящем,
Как сонмы наших улетевших лет
В зимы оцепененьи леденящем.

Где утвердились страшные дела,
А мысль о воле — совершение побега,
Узнали мы, как непомерно тяжела
Воздушность опадающего снега.

На правду здесь наложено табу,
Все — капли в русле мрачного теченья,
Где наши судьбы сплетены в одну Судьбу
Упряжкою лихого обреченья.

Нам отрешенною душой смотреть
На тех, кто в жутких муках умирает,
Ведь, убавляя срок, кощунственная смерть
Всех неизменно властно убивает.

И новый день, в морозной немоте,
На нервном измотавшемся пределе,
Ютится в неприкаянной мечте,
Как увяданье в изможденном теле.

Весь мир сейчас невероятно груб,
Где чувственно тайга берет в свои объятья
И стынут на ледышках посиневших губ
Бессильные слова последнего проклятья.

Да, мы уходим, покидая этот свет,
В немыслимых мученьях умирая…
Колонной отчуждения — след в след
Бредут дорогой в ад изгнанники из «рая».

Мы сброшены навек в пласты земли
Неистовостью смертоносной силы,
Где залегают тягостно в лихой дали
Повсюду безымянные могилы.

Когда-нибудь забвенья твердый лед
Растопит вера светочем прозренья
И правда жизни непременно прорастет,
Являя роковые откровенья.

И, обнажив Истории скелет,
Откроет всем таежная природа
Места, где много страшных лет
КОВАЛОСЬ «СЧАСТЬЕ»
        НАШЕГО НАРОДА!

\* \* \*

Время неукоснительно судит
Негодяйство коварных утех,
Где плеяды поломанных судеб
Воздвигают бессмертие вех.

Ожиданье достойнее смерти
На земле вероломной, нагой,
Где в кромешной лихой круговерти
Мысли мчатся стезей мировой.

Где аккордом трагедии вечно
Пуля дико завоет в ночи,
Затушив чью-то жизнь скоротечно,
Как дотлевший огарок свечи.

\* \* \*

...Ведь когда пожелают твои палачи
Голос яростной смерти послушать,
Два убийственных выстрела грянут в ночи,
Изгоняя из тел обреченные души.

* * *

Кто раздвинет нам слабые веки
И поднимет с разбитых колен
Всех, кто связан судьбою навеки
С ожиданьем больших перемен?

В этом мире, где пагубно пусто
И царит бездуховная глушь,
Распаляются злобные чувства
Беснованьем неистовых душ.

Мы стенаем истерзанной верой
От немыслимо тягостных мук
Лишь за то, что своею манерой
Не лобзали кощунственных рук!

Но действительность неоспорима
Обречением в душах у нас,
Где начертан необратимо
Страшной казни неистовый час.

...В безысходности время витает,
Триумфальные гимны поет,
И страна впопыхах продолжает
Свой бессмысленно-глупый полет.

## ГРАНЬ

Эта сущность с иллюзией пленной,
Где проклятия злобно секут,
Убивает в безверьи Вселенной
Обреченностью жутких секунд.

# ПЕРЕД ПОБЕГОМ

Решился я на дерзостный побег,
Сгребая лед промерзшими руками,
Где прожектора вылизывают снег
Лихими световыми языками.

Все нервы на кошмарном взводе,
Собаки чувствуют мой запах.
Умру, но только на свободе,
А не в закона жутких лапах.

Снежинки по щекам коварно секут,
Предчувствием сжато дыханье,
В неистовом ритме смертельных секунд
Пульсирует дико сознанье.

Судьбою своей нужно здесь рисковать
В лихом обреченном разгуле,
Чтобы поскорее отсюда сбежать,
Пока конвоиры уснули...

# ПОБЕГ

Мне сейчас добежать бы скорее до леса,
Что ветвистой защитою скроет любя,
Став надежной непроходимой завесой,
Принимая прицельный огонь на себя.

Все!
    Опомнились поздно!
                     Я выиграл время!
Палят наскоро с вышек теперь наугад.
Мыслей жуткая лава прошла через темя,
Закружился пургою вдали снегопад.

Я поспорю с лихою реальностью лучше,
Покидая навеки кощунственный мир!
Пули взвыли в пространстве натужно-тягуче,
И прокашлялся эхом морозный эфир.

Но сознание рвется сбежать в бесконечность,
Что отчаянно душу свободой зовет.
Для меня этот миг растянулся на вечность,
Для охраны — мгновенье:
                  «Стреляй! Ведь уйдет!!!»

Я бегу все быстрее, быстрее, быстрее,
Хочешь жить — так по-волчьи сумей попетлять.
Вера в чудо сегодня намного сильнее,
Чем шальная надежда мишень поражать.

И следы мои неутомимою строчкой
Между пуль пролагаются в злую пургу.
Лишь бы только не жуткой кровавою точкой
Завершить свою жизнь на глубоком снегу.

Этот ветер опять непролазной стеною
Превращает мой бег в изнурительный шаг,
Где хлопки резких выстрелов, что за спиною,
Разрываются с диким надрывом в ушах.

Заливались собаки, изрядно зверея,
Ожидая, что в лапы я к ним попаду.
Знаю, любите вы все, шалея,
Видеть, как мечется жертва
                       в кошмарном бреду.

Я для вас был бегущею четкою целью.
Поскорей помоги мне, лихая пурга!
Сбей им ныне своими ветрами прицелы,
Закружив по пустынной округе снега...

Побыстрее, тайга, открывай мне объятья,
Завертев карусели неистовых бурь.
Пусть обнимемся мы, словно вольные братья!
Огради и спаси мою душу от пуль!

# БЕГЛЕЦ

Вокруг щетинится тайга
Ветвями исполинских елей,
Кружа колючие снега
Загривками шальных метелей.
Но мне сейчас не сожалеть
О том, что я запрет нарушил,
Устав безвыходно сидеть
Свой срок, опустошивший душу.
Пусть забуяет ярый свет
Неумолимостью агоний,
Чтобы ветра, загладив след,
Поставили в тупик погоню.
Беситесь, жуткие часы,
Гуляй, зима, округой нынче,
Чтоб конвоиров злые псы
Назад вернулись без добычи.
Пусть впереди шумит тайга,
Но сзади — проклятая зона.
Нет, лучше терпкие снега,
Чем издевательство закона.
Пусть обреченье лагерей,
Кляня суровую погоду,
Неукротимостью своей
Помянет волчую свободу,
А мир, сведенный на отшиб,
В изъеденный невзгодой вечер
За упокой моей души
Зажгет оставшиеся свечи.
Кошмарно, не видать ни зги.
Являя дерзостные страсти,

Шагаю в логово тайги,
Как на оскал звериной пасти.
Реальность жутко создала
Видения в лихую вьюгу,
Когда зима всю замела
Заледеневшую округу,
Где я, измаянной душою
Возненавидев злобный край,
Вдвоем с неистовой пургою
Бреду на вой голодных стай.
Мой друг!
         Когда настанут дни,
Где будет жизнь с судьбой в резоне,
Господним словом помяни
Тех, кто погиб в таежной зоне!

## СТАЛИН И БЕРИЯ

Когда Кремля сырые стены
Упились едкой тишиной,
Две демонические тени
Взошли над спящею страной.
Взирая с высоты презренно
На полуночный лик земли,
Они тщеславно и надменно
Свою беседу повели.
Стояли в тягостной печали
Коварной жизненной борьбы,
Своими дерзкими речами
Читая приговор судьбы.
Один зверел необычайно
Неумолимостью лихой,
Всегда творя деянья тайно,
А отвечал за все — второй.
Один глаголил повеленья
Всевластьем сана своего,
Другой сгорал от нетерпенья
Приблизить смертный час его.
Один творил метаморфозы
Всеутверждающей рукой,
Другой хмельные видел грезы
И кровь людскую лил рекой.
Второй был первому помехой,
Хоть силился еще вершить,
С ошеломительным успехом
Пытаясь преданно служить.
Они являли силой слова
Кощунственно смертельный груз,

Едины в деле, но готовы
Разрушить деловой союз.
Как две помеченные карты
В коварной шулерской игре,
Они готовились с азартом
Разбесноваться на заре.
Дрожали дьявольским ознобом
За совершенные грехи,
Храня неистовую злобу
Незатихающих стихий.

Скрипели мощные засовы,
Когда веленьем вожака
Слетались яростные совы
Неутомимой ВЧК.
Архивы сохраняли списки
Невинно убиенных — тех,
Кого «без права переписки»
Схватили за крамольный грех.
Но вера возгоралась пылко
Неугасимостью своей,
Когда страна по пересылкам
Хрипела астмой лагерей.
Когда пророчеством о чуде
Взрастала пагубность идей
И верили заветно люди
В коммунистических вождей.

...Есть сатанинская минута,
Где, выразив коварный тон,
Проглянут Грозный и Малюта
Сквозь беснование времен,
И все кошмарно повторится

Неумолимостью своей,
Когда их яростные лица
Взойдут всесильем
                новых дней.
Они, погрязнув в кривотолках,
Являют низменную страсть,
Как два остервеневших волка,
Имеющие злую власть.
Творят коварное несчастье
Неугомонностью ночей,
Где сатанинское участье
Звучит проклятием речей.
И алчность смотрит из утробы,
Но на лице застыл упрек
Бессильем очумевшей злобы
За их недолговечный срок.

# ПРОТИВОСТОЯНИЕ

Когда ветров переплетенье
Кружила горестно земля,
Две демонические тени
Поднялись на балкон Кремля,
И тайной злобою лихою
Являя всемогущий слог,
Над полусонною страною
Пронесся мрачный монолог.

*Сталин:*
Сегодня мы с тобой, Лаврентий,
Отпраздновали явно всласть
Мое семидесятилетье,
Венчающее нашу власть!
Хотя усердие напрасно —
Преодолеть смертельный мрак,
Страной я управляю властно
И только временем — никак.
Вершу я множествами судеб,
Ускорив прогрессивный ход,
Но время лишь меня осудит,
Приблизив жизненный исход.
Лишь ты сейчас понять сумеешь,
Как велика печаль моя,
И возражать мне не посмеешь,
Желанье дерзкое тая.

Неистовы мечты лихие
В бреду кощунственных идей,
Когда идут стада тупые

Судьбой измученных людей,
Где Родина глухонемая
Непобедимость создает,
Преддверьем жизненного рая
Провозглашая мой восход.
А правда нищая, слепая
Бредет по слезному дождю,
Благоговенье проявляя
Ко всемогущему Вождю!
Пусть пресмыкаются убого,
Стремленье светлое храня,
Лихим безверьем в силу Бога
И верой в одного меня!
Чтоб церковь стала рангом ниже,
Питая беспросветный страх,
И был один молебен слышен
С моим величьем на устах.
Пускай, знаменами алея,
Спешит на праздники народ,
Лишь у трибуны-Мавзолея
Покорно замедляя ход.
Взойдет измаянное Солнце
Над горами людских костей
И упоительно прольется
Неумолимостью смертей.
Проявит жуткую тревогу
Всеутверждающий ГУЛАГ,
Собрав Лубянкою в дорогу
Для созиданья «светлых благ»!
Невыносимо было чтобы,
Творя оправданное зло,
Оденем всех ученых в робы,
Вручив тяжелое кайло.

Всеутверждающим началом
Являя непосильный груз,
Погоним всех копать каналы
И воздвигать Экибастуз.
Негодованье сумасброда
Доносам пролагает путь...
Везде снуют враги народа,
Являя пагубную суть!
А по заснеженным завалам
Лежат расстрелянных тела,
Но ВЧК с лихим запалом
Готовит новые дела.
Стараясь утвердиться честно
Всевластьем
      жизненных стремлений,
Я ставлю в тюрьмах повсеместно
Ум перед силой на колени,
А чтобы нас не попрекали,
Мы по заветам Ильича
Шовинистической морали
Заткнем рот тряпкой кумача.
И чтобы было все умильно,
Успехами припудрив край,
Благополучьем кинофильмов
В аду показываем рай!
Всевластно явим пред народом
Закон о жизненной уценке,
Сгноив страну голодным годом,
А несогласных — сразу к стенке!
Пусть обижаются на долю,
Ведь мы в неистовых делах
Раздарим сумасброду волю
На Соловецких островах!

Я слово дал своим холопам
С одной поправкою к нему:
Пойдете раболепским скопом
Этапами на Колыму.
Под жестким дулом автомата
Узнают русский и еврей,
Что нации — едины свято
Несокрушимостью своей!
Чтоб, повсеместно умирая,
Осознавали бы резон,
Как широка страна родная
В лихой бесчисленности зон.
Ведь сверху нам масштабней видеть,
Как низменный
             народ губить...

*Берия (про себя):*

Всем предназначено любить
То, что желаем ненавидеть...

*Сталин:*

Никто не будет с нами третьим
Произносить великих слов —
Один лишь я да ты, Лаврентий,
Среди опущенных голов.
Они наивно жаждут чуда —
Немы, поруганы, глупы...
Верши, неистовый Иуда,
Победоносностью судьбы!
Не собираюсь вовсе вскоре
Я уходить, оставив власть,
Пока еще всесильно горе
И ненасытна злая пасть.

Пусть все зальется
             терпкой кровью
И сгинут нации во прах,
Чтоб нас подняли жуткой новью
Все злодеяния и страх,
Когда величием исчадья
Восторжествует сатаной
Власть всемогущего проклятья
Над издыхающей страной.

# АДОЛЬФ ГИТЛЕР

Мир изощрялся предрассудком,
Налив безумием глаза,
Взирая, как коварством жутким
Вскипел неистовый азарт.
Явилось злобное несчастье
Преображением страны,
Буяньем дерзкого ненастья
Шального демона войны.
Взметнулись почести оваций
Разбесновавшейся толпы,
Готовой к низверженью наций
Негодованием судьбы.
Ликуют яростные массы
И воцаряются умы,
Величием арийской расы
Отождествляя силы тьмы.
Дохнул невероятный холод
Неумолимостью в мирах,
Чтоб поглумился страшный голод
Над жертвами
         в концлагерях,
Чтоб белый свет стал обескровлен
И начал властный самодур
Всех одевать тщеславных фройляйн
В наряд из человечьих шкур.
Чтоб было все в достатке милом
И стали власти хороши —
Помойте, фрау,
         руки с мылом
Из человеческой души!

На берегу седого Рейна
Пылают в яростных кострах:
Кант, Гете, Гегель, Гейне,
Маркс, Энгельс,
         Лейбниц, Фейербах.

*Гитлер:*

Финалом мировых историй
С неумолимостью своей
Я разжигаю крематорий
Всесильем пагубных идей.
Явив в шальную круговерть
Пехоту, танки, корабли,
Я жизнь сотру с лица земли,
Преобразовывая смерть.
Творя неистовую прихоть,
Как демонический вампир,
Я сделаю тщеславный выход,
Поработив огромный мир.
Натужив ревностные нервы
Желаньем время превозмочь,
Являю дьявольской манерой
Свою Вальпургиеву ночь.
Восстанут образы скелетов
Агонией кошмарных снов,
Где лики жутких силуэтов
В сознаньях яростных голов.
Пусть демоническою смутой
Грядет житейский эпилог,
Когда устрою злой минутой
Апокалипсисы эпох,
Где в мирозданной круговерти
На самом грехотворном дне

Покажется улыбка смерти,
Что скалится бездушно мне.
Испив неистового яда
Всепобеждающих идей,
Я запущу машину ада,
Шинкующую всех людей.
Восторжествует безвременье
Изломом мировых систем
В неимоверное мгновенье,
Исполненное злобой тем.
На гребне всемогущей славы
Являя пагубный настрой,
Всесильем варварской державы
Я сотворю лихой устой.
Я человечности не внемлю
Неугомонною порой,
Поработив большую Землю
Своей натурою шальной.
Грядет неумолимость войн
От демонического часа,
Когда распространится вонь
Перегнивающего мяса.
Ликует сатанинский холод
Неиссякаемою мглой,
Где властно торжествует голод
Над изничтоженной землей.
Явив тщеславную манеру
Преображенья старины,
Являю пагубную меру
Повествователя войны.
С неистовым апофеозом
Уничтожающих структур
Произрастут гнилым навозом

Теперь Освенцим, Орадур.
Останутся немые остовы
Опустошенных городов,
Как на обледеневшем острове,
Продутом горечью ветров.
Перебродившею золою
Глядя на жизненный кошмар,
Застынут вздыбленной землею
Навек Хатынь и Бабий Яр.
Пусть их духовность безголосая
Вопит убожествами форм.
Кути безумием, безносая,
Пока даю кошмарный корм!
Я демонически зверею,
Являя величавый сан,
Сничтожив низменных евреев
И неприкаянных славян!
Восстанет сатана из ада,
Чтобы с дороги не свернуть,
И по костям людского стада
К всевластию проложит путь.
Пусть с ненавистью злодеяний
Непререкаемых основ
Восстанет яростью дерзаний
Страна кощунственных чинов,
Где из обугленных обломков
Непокорившихся держав
Мы наберем для всех потомков
Великих всемогущих прав,
Чтоб на горах людского праха
Восстала ненавистью тьмы
Непобедимость силы Рейха,
Поработившая умы.

# ОСВЕНЦИМ

Безвыходность кошмарным прахом
Дотлеет в жертвенных печах
И в демонических ночах
Прольется сатанинским страхом.
А рок, навьючивая бремя,
Являет пагубную мысль,
Где в душегубки садят Время
И в крематориях жгут Жизнь!
Плененный мир изломом судеб
Застыл в могильнике надежд,
Где сатана безумно судит
Всевластьем яростных невежд.
Остервенело на планете
Смерть точит миллионы кос,
И теребит прогорклый ветер
Копны остриженных волос,
И улетают молча души
В небес заоблачную высь,
А ненависть за горло душит,
Являя пагубную мысль.
Апофеозом злодеянья
Творя фатальный эпилог,
Подводится лихой итог
Коварного завоеванья.
Ничтожатся безумьем массы
Инакомыслящих людей

Во имя процветанья расы
Арийских яростных вождей.
Среди неистовой неволи
Порвется жизненная нить,
Где жуткие пределы боли
Не умоляют пощадить.
Здесь прозябает безысходность
Великой мировой судьбы
И погибает однородность
С ужасным именем — рабы.
Здесь смерть —
              бессменное леченье
Любых болезней и простуд,
И выражает обреченье
Бесчеловечный жуткий суд.
Здесь вышками сторожевыми
Взирают смертью на челе,
Как люди трупами живыми
Перегнивают на земле.
Здесь истязаниями судят
В кошмарном лагерном гробу,
Где тысячи тяжелых судеб
В одну замешаны судьбу.
Изнеможденные скелеты,
Являя жизненный исход,
Сгоняются толпою в Лету,
Как низменный убойный скот.
Здесь ненавистью узурпаций
Зло обречение дает,
А пагубность опять убьет
Очередную группу наций.

Неутомимостью своей
В кромешной мясорубке ада
Теплилась верою лампада
В сердцах истерзанных людей.
А мир изнемогал смертями
На поприще коварных тризн,
Где полоумными путями
Ничтожилась земная жизнь.

# БЛОКАДА ЛЕНИНГРАДА

Последние армады туч
Проплыли над седой Невой,
И очертился блеклый луч
Полоскою береговой.
Ершились тысячи оград
Противотанковою сетью,
Где осажденный Ленинград
Еще делили жизнь со смертью.
А он горел в кошмарах дней
Под кромкой ветреного неба
Всесильной верою своей
Над черствою осьмушкой хлеба.
Он замерзал в снегах судьбы
И обнимал в постелях холод,
Тащил на саночках гробы
Туда, где измывался голод.
Но он в себе надежду нес,
Измотанный лихой войною,
Прогорклый теплотою слез
И замордованный бедою.
Здесь днями подвигом своим
Ваяли крепкие опоры,
А вечером, напудрив грим,
Играли Гамлета актеры.
Их благородные манеры
Предел терпения венчал,
Где гласом возрожденной веры
Вдруг Шостакович зазвучал.
И в судьбоносные дела
Являлась лучезарность мысли,

Когда по Ладоге брела
Артерией
        Дорога Жизни.
Ночная жуткая пора
Являла пагубную небыль,
Когда во тьме прожектора
Пронзали сумрачное небо.
...Стоял совсем уже без сил
С разрушенными куполами,
Но все же изнуренно жил
Благословенными мечтами...
Под беснованье канонады
И яростных фугасов визг
Шел восьмисотый день блокады
В борьбе за гибнущую жизнь.

# ПЕХОТА

По нам не правьте панихиды,
                       как по мертвым,
Ведь перед нами Жизнь в неслыханном долгу,
Поэтому мы смерть послали к черту
На этом приднепровском берегу.

Шел бой.
            Кругом гремели взрывы,
Валяя солнце в гаревой пыли
И оставляя жуткие нарывы
На теле искалеченной земли.

Здесь атмосфера яростью кипела,
Как будто лава в доменной печи,
Накалом громового артобстрела
С бомбежками в неистовой ночи.

Царила тьма, всевластием убога,
Посеяв свой неумолимый страх,
Нас приближая к осознанью Бога,
Вздуваясь безысходностью в висках.

Мы рвались в смертоносную атаку,
Величье героизма проявив,
Впиваясь в обезумевшую драку,
Отчизну от врагов освободив.

Летальностью неистовая небыль,
Являя демонический азарт,
Роняла обесцвеченное небо
Солдатам в потускневшие глаза.

Фугасом разгоравшееся Солнце
Гасил темнеющий дымами небосклон,
И снова день, который не вернется,
Был в жизненных руинах погребен.

Мы шли дорогами войны
                  угрюмо и сурово,
Испитые реальностью сполна,
Согретые надеждою, чтоб снова
Встречала нас далекая страна.

Мы прошагали долгих пол-Европы,
Привыкшие вовсю к угарной мгле,
В кого-то смерть свои вонзила стропы,
Навеки приковав его к земле.

Теперь нам становилось ясно,
Что кончится проклятая война,
«Мы победим!» —
             кричала громогласно
Истерзанная бедами страна.

Мы строем шли — солдаты и старшины,
Являя исторический поход,
Оставив покоренные вершины,
Где наш вчера полег
                бесстрашный взвод.

А похоронки всем давно готовы,
Итожа героическую жизнь,
Чтоб неустанно изнывали вдовы
И матери от горя извелись.

Опять с тревогой сердце комом сжалось —
Не досчитались на поверке одного,
Лишь отрешенно полночь отозвалась,
Произнося фамилию его.

Мы дальше шли, в извечных кривотолках
Возненавидев жизненную грязь,
Неся комбата на носилках, что в осколках
Весь был, но выжил, заново родясь.

Дороги наши заметала вьюга,
И под шинель залазила пурга.
Я потерял в бою под Прагой друга,
Его укрыли чешские снега.

Перекусив растяжек паутины,
Мы волей титанической своей
Повсюду обезвреживали мины,
Навеки изгоняя смерть взашей.

Переживая жуткое мгновенье
И осознав, как вера дорога,
Мы продолжали наше наступленье,
Сражая ненавистного врага.

Испытывая горе человечье
И зная, что войне почти конец,
Рвались туда, где изнывало вече
Набатами измаянных сердец.

Спасая душ невинных миллионы,
Являя героическую мысль,
Атакой прорывались батальоны,
У смерти отвоевывая Жизнь.

# ДЕТИ ВОЙНЫ

Не выплакать наши обиды слезами,
Не спрятать в трущобах разбитых окраин
То детство
        с недетскими вовсе глазами,
Что смотрит на мир из сгоревших развалин.

Мы — дети войны —
           страшных лет и жестоких,
Умом неосмысленных и непонятных,
Бродили босыми в траншеях глубоких,
Играя фигурками гильз автоматных.

Мы радость души
           с малых лет потеряли,
Ведь горе в сердцах оставляло воронки,
Когда голосили навзрыд с матерями,
С фронтов получив по родным похоронки.

Судьба наша — кровоточащая рана,
Ведь огрубили нас злобные беды,
Но, слушая сводки из уст Левитана,
Мы верили в счастье грядущей победы.

Кошмары войны не отправятся в небыль,
Они навсегда отложились в сознаньи
Осьмушкой блокадного черствого хлеба,
Как страшного мира лихое признанье.

Не залечить эту гнойную рану,
Не спрятать в грядущей безоблачной жизни
Бредущих дорогами нашей Отчизны
В отцовских потрепанных ватниках рваных.

Но мирную Жизнь, что от копоти черна,
Опять возрождала планета-калека,
На прахе двадцатого жуткого века
Нас разбросав, как священные зерна.

# ПОБЕДНОЕ...

Настала Победа, где майский сиреневый ветер
Сдувает на землю пахучий живительный цвет,
И вновь тишина на измаянном свете,
Как будто бы не было этих неистовых лет.

Мечты наши головы светло вскружили
Безмерною силой счастливой своей,
И просто не верится в то, что дожили
Тяжелой судьбой до великих
                            торжественных дней.

Оркестр довоенный мотив вдохновенно играет,
В умах возрождая забытый лирический смысл,
И звуками вальса, Вселенской душой воскресает
Из праха миров героизмом спасенная Жизнь.

Ликует Земля, опьяненная духом свободы
Своей незабвенной, победной весны,
Одни лишь Надежда и Вера
                натужно глядят вдаль сквозь годы —
Две женщины в вечности ждущие всех
                          не пришедших с войны!

# БЕЗВЕСТИ ПРОПАВШИМ...

Отчего желтеют листья
У осенних вечеров?
Видно, нет багряных кистей
У художников-ветров.

Отчего седеют люди
Сонмами тяжелых лет
В неприкаянности судеб,
Коими наполнен свет?

Отчего заплачет осень
Молчаливою порой,
Мне в окно листом не бросив
Похоронки фронтовой?

Почему с годами письма
Не белеют, как виски?
Отчего желтеют листья?
Вероятно, от тоски!

# АМНИСТИЯ 1953 года

Сквозь таежную едкую стужу
И холодные дали морей
Я судьбе распахну настежь душу
Изможденною верой своей.
Время мрачной стезей утомленной
Нарисует угрюмый портрет,
Уходя на этап отрешенной
Вереницей отверженных лет.
Пусть за срок я все вымотал нервы,
Ожидая далекий рассвет,
Где на поезд попавшийся первый
Мне амнистия выдаст билет.
Вмиг надежда святым перезвоном
Заколотится счастьем в груди,
Когда старым забытым перроном
Замелькает вокзал впереди.
Беспросветной судьбою злосчастной
С обреченной мечтою своей
Я вернулся из этой ужасной
Паутины лихих лагерей.
Вид отчаяньем горестным выпит,
И хибара — безлико пуста.
Болью, ранившей душу навылет,
Повстречают родные места.
Я гляжу с отрешеньем упрямо
На реальности пагубный сон,
Где давно похоронена мама
И безверье глядит из окон.
День прогоркло отравленной новью
Догорает, неволю кляня,

Ведь усладно-притворной любовью
Не согреть ему больше меня.
Завтра утром на траурном небе
Запылает кровавый рассвет,
Что, как жутко-коварная небыль,
Озарял неприкаянность лет.

...На отверженном архипелаге
Преступленья хранит тишина,
Где чернеет бараками лагерь
Под названьем
    «Родная страна».

# ЗА ЧЕРТОЮ НИЩЕТЫ

Что осталось сегодня для нас — обреченных
На ужасную гибель в коварной стране
С беснованием мыслей, неистово черных,
Полонивших лихое сознанье вполне?

В беспросветной пурге и наполненных горечью ливнях,
В бесконечной трагедии сцен
               с переборами слов
Мы становимся явно душою счастливей
В благодатных виденьях пророческих снов.

В демоническом мире безумно тщеславных паяцев
С обреченьем любви, изощрением низменной лжи,
Сколько можем мы проклятой правдой по жизни скитаться?
Не молчи, светлый Боже!
             Ответь нам! Скажи!

Стонет грустная песня, затерянным смыслом
Выражая лирически-мрачный мотив,
Где ужасно сумбурно в отверженных мыслях
Бродят грезы, надежду погреться фатально впустив.

Но на мрачном Вокзале Судьбы,
             немотой ожиданья,
Дотлевая по лужам фонарным искристым огнем,
Подлый мир разрешает
       пока что нам с Жизнью свиданье
Безысходным, ноябрьскою горечью вспоенным днем.

# РОДИНЕ

Ты, являя свое нерадивое «чудо»,
Довела нас до плахи и топора.
Все лобзанья твои — поцелуи Иуды,
И благие тирады — отреченья Петра.

# ПИТЕРСКИЙ НАБРОСОК

Между серых пасхальных церковных грибов
В жизнедейственной скоротечности
Смерть сажает семена деревянных гробов
На космических грядках
                    Божественной Вечности.

Растопив на Неве ледяную коросту,
Прорываясь безумьем в кошмарные сны,
Ночь коварным, неистово-яростным монстром
Выедает сознанье из мозга Луны.

# ВОЗВРАЩЕНИЕ

Я пленен был тобой до Вселенских основ
И отвержен безумьем проклятия,
Где железные руки могильных крестов
Раскрывают уныло лихие объятия.

В обветшавших обносках духовных одежд,
Поминая коварное прошлое,
Я бреду вдоль могил обреченных надежд,
Что покрыты декабрьской порошею.

* * *

Пусть коварностью скручены руки
И цензурою заткнуты рты,
Чтоб не слышались вечные муки
Вдохновения светлой мечты.

Пусть сейчас истерически воют
В ожиданьи лихих перемен
Те, кто ярости злобной не скроют
За кулисами жизненных сцен.

Нас хотят обреченно растратить,
Отослав на смертельный отшиб,
Только нам никогда не утратить
Благородство бессмертной души.

\* \* \*

Как на Красной Площади могильный ряд
Из кощунственных палачей-стервецов,
А над ним возвышается зиккурат
С «найживейшим» из всех мертвецов.

А сбоку Сталин — коварный Сфинкс —
Восседает на грудах людских костей,
Где течет упоенно мрачный Стикс
Сатанинской слюною шальных смертей.

Демонически яростный этот вождь!
Миллионы к нему обреченно шли.
Жаждет он, чтобы в слезный дождь
Ему жизни на алтарь безрассудно несли.

Пока стоит на площади зиккурат,
Излучая проклятие множество лет,
У России в душе будет страшный разлад
И дороги в Грядущее нет!

### * * *

В нашем мире, где краски смазаны,
Выделяются очертания,
И логически все недосказано,
Покрываясь великими тайнами.

В судьбах века все перемешано:
Беды, счастье — в своих пропорциях,
Подытожено, четко взвешено
И разложено всем по порциям.

Безысходностью угорелое,
Затаилось лихое прошлое.
Было черное — стало белое,
Из плохого — опять хорошее.

Вот дойти бы до основания,
Отпуская навек мгновения
Обреченного состояния
От духовного обеднения.

Наша вера на горе замешана
С обуянием сладострастия,
А свобода — стократно повешена
От судебного злого участия.

Все пути, что сознанием пройдены,
Нерадивыми ныне кажутся
На просторах поруганной Родины,
От которой народ не откажется.

Получая скупые известия,
Обходя роковые препятствия,
Мир глядит на святые созвездия
С выражением соучастия.

Нам сегодня уже бессмысленно
Кочевряжиться до одурения,
Каждой ноте тирады жизненной
Предоставив свои ударения?

Негодяйство, познав излишнее,
Забуянив в хмельном застолье,
Обойдя постулаты книжные,
Уничтожит тома истории.

Небеса, Бытием прозревшие,
Воспаряют над вечной тризной,
Где ютятся мечты воскресшие
На голгофах моей отчизны.

Я тебя обниму по-сыновнему,
Распрямив твои крылья светлые,
Чтоб к Вселенскому лику духовному
Воспаряли желанья заветные.

Ты Всевышним священно прославлена
Как творение поднебесное,
Где душе моей Вечность подарена,
Отворившая Царство Небесное.

# РОДИНЕ
## (Дополняя Л. Губанова)

*Многострадальной земле посвящаю…*

Найдется такая земля
                 в исполненьи божественных грез —
Вся в трагических видах фатальных событий
                                   кошмарных миров,
Вся в кленовых листах, тополином пуху и сережках благих берез,
Где ничтожат святые мечты полоумием злобных основ.

Пусть отыщется ныне земля,
                     сатанинским проклятьем сокрытая
Да промозглая тленом, ветрами, снегами и сенью дождей,
Вся в кощунственных ранах, грязи,
                     обреченьем до нитки пропитая,
Что измаялась духом у стаи тщеславных вождей.

Пусть найдется такая земля,
                     что ростками безумья чрезмерно усеяна
И священным сознаньем творит невпопад,
Где рассветные зори — летальные мысли Есенина,
А грудь Пушкина — жизненно ярко-кровавый закат.

Пусть найдется такая земля, что тиранами вся обесчещена,
С изобилием дел в лучезарных просторах
                               малиновых горниц,
Что ночами рыдает вдовою, как старая бедная женщина,
Но легка по утрам на подъем с голосами проснувшихся горлиц.

Пусть найдется такая земля,
     где текут золотые потоки рек,
Отражая прекрасной природы изящный узор,
Что тоскливо глядит ввысь космическим взором за веком — век
Голубыми глазами студеных, исполненных небом озер.

Пусть найдется такая земля,
      что изъедена злыми пороками,
Где повсюду льстецы прославляют
      безумный кощунственный мир,
Где судьба переполнена низостью, лютью, пророками,
Да молитвы и песни в потрепанных душах затерты до дыр.

Пусть найдется такая земля,
     что живет сумасбродной халтурщицей,
И щедра на обеты, обилие весен и краски осенние,
Что слывет для поэтов, художников страстной натурщицей,
Наслаждаясь лихими смертями непризнанных гениев.

Пусть найдется такая земля,
     что неистово ветрена, весела, молода,
Где мы веру священно впускаем в любую благую мечту,
Где бесчинствуют власти
      серпа и железного тяжкого молота
И природа не спрячет в глубинке людей нищету.

Пусть найдется такая земля, что совсем потеряла благое лицо,
Созидая словами пустопорожними,
Поклонившись бессмертию «найживейшего» из мертвецов,
Позабыв о Христе со святыми заветами Божьими.

Пусть найдется такая земля, что отдала себя на заклание
Торжеству нерадивых и маниакальных идей,
Где сначала — гоненья и смерть,
             а затем лишь — благое признание
Гениальности жизней великих, замученных властью людей.

Пусть найдется такая земля,
             что надменно взирает на прошлое,
Где погублен цвет наций в бараках глухих лагерей,
Где священная память
             усердно покрыта январской порошею,
А могилы безвинно убитых ночами пугают лесных егерей.

Пусть найдется такая земля,
             что погрязла в идейной всецелости
И картавым пророком по всем городам и деревням кричит,
Где народ,
       разбазарив святые духовные вечные ценности,
Перед пагубным обликом, молча потупясь, стоит.

Пусть найдется такая земля, что прогресс всемогущих столетий
Движет силою мысли благословенных умов,
Мрачно глядя на мир в лучезарном божественном свете
Тишью брошенных кладбищ
             и болью холодных родильных домов.

Пусть найдется такая земля,
             что погубит предательством ближнего
И всевластьем закона казнит, а затем — благородно прощает,
Где в святом снисхожденьи великая милость Всевышнего
Лишь из жалости в светлые праздники люд иногда посещает.

Пусть найдется такая земля,
                         где орут сатанинскою глоткою
Приговоры кощунственно злых палачей
И скитается серая голь по вокзалам с постылой чахоткою,
А в измаянных душах не гасят блаженных свечей.

Пусть найдется такая земля,
                         что бытует духовной затворницей
И душевные песни тоской заунывною долго поет,
Коротая свой сумрачный век в ветхих избах
                                    и княжеских горницах,
Где, предавшись порокам, злословит, буянит и пьет.

Пусть найдется такая земля,
                         что, поправ мировые законы,
В обуяньи шальных, полоумных, бредовых идей
Возлагает на жуткий алтарь миллионы
Да ни в чем не повинных, обманутых властью людей!

Пусть найдется такая земля,
                         что всецело погрязла в идейной борьбе,
Беспокоясь о том, дабы лик созиданья не помер,
Где отправят великие мысли в казенный архив КГБ
И присвоят свободе порядковый лагерный номер.

Пусть найдется такая земля,
                         что убогостью жуткой залатана,
Вся исхожена вдоль-поперек тяжеленными унтами
Да пропахшая гнилью, сивухой и ладаном,
Озверевшая стачками, бойнями, бунтами.

Пусть найдется такая земля,
                              что судьбою своей невезучая,
Что душою коварною жаждет буять,
И, лихой ностальгией неистово мучая,
Позовет, поманит, чтоб сполна обесчестить, распять!

Да, найдется такая земля,
                              что живет добротою юродивой,
Ведь поля и леса ее — духа Божественный край.
Эта Веры Земля непременно моею окажется Родиной,
Где найду я судьбой обетованный, проклятый Рай!

# ПОРТРЕТ РУСИ

Сгорбленные спины,
Порванные рты,
Скорченные мины,
Блеклые черты.

Страждущие души,
Грешные тела,
Заткнутые уши,
Гнусные дела.

Подлые затеи,
Окаянный быт,
Дерзкие идеи
Тягостной судьбы.

Благостью убога
Яростная Русь,
Праведностью слога
Истинам учусь.

Нерадивой голью
Мирозданных тризн
Пагубной неволей
Прозябает Жизнь.

Злобой неподсудной —
Скверная пора
Сумасбродных будней
Страшного Вчера.

Хаос наваждений —
Глупостью идей,
Бедствия рождений,
Ужасы смертей.

Истекаешь кровью
Во благой красе.
Яростною новью —
Кости в колесе.

Трупная прохлада,
Светлые псалмы,
Беснованье ада —
Ненавистью тьмы.

Ханжеством разутый
Страждущий народ
Тяжкою минутой
Семенит в приход.

Хитрые плутовки,
Каверзный дурман,
Дерзкие уловки,
Пагубный обман.

Алчность, зависть, жадность,
Рвение во власть,
Чувственная жалость,
Яростная страсть.

Дикие гулянья —
Жизненный обряд,
Древние преданья
Правду говорят.

Дьявольские склоки,
Низменный позор,
Злобные потоки
Бесноватых свор.

Грешные вериги,
Лживые глаза,
Гнусные интриги,
Низменный азарт.

Светлою душою
Одолев порок,
Действие святое
Я тебе предрек.

Праведность калечишь,
Проявляя власть,
Пагубностью лечишь
Жизненную страсть.

Взор твой гениальный
Ревностно таю
Тенью погребальной
В жертвенном краю.

Мерою всесильной
Презирая гниль,
Дряблостью утильной
Прозябает быль.

Жуткая помпезность
Дерзостных идей,
Злая бесполезность
Роковых затей.

Нищенством убогим,
Грешною судьбой
Проклятые Богом,
Живы сатаной.

В бедствия земного
Опостылый час
Зелия лихого
Заливают в нас.

Роковой межою —
Чувственный закат,
Злобною душою —
Ненавистный лад.

Пустотой окольной —
Темнота окрест,
Старой колокольней
Стонет благовест.

Гнусностью тирады —
Яростная месть,
Балахоны Правды
Одевает Честь.

Смертным приговором
Пагубность пришла,
Низменным позором
Глупость принесла.

Благостное счастье
Нищенской судьбы,
Сумасбродством власти —
Ненависть толпы.

В сарафане снежном,
С горечью в очах,
Обнимаешь нежно
В стынущих ночах.

Бесы преисподней
В дикой стороне,
Светлый Дух Господний
В жизненном звене.

Нравственной свободе —
Жесткие права,
Чувственной породе —
Дурья голова.

Пагубные цели —
Призовут буять,
Жизненной купели
Божья благодать.

Дерзкие победы
Тягостной судьбой,
Каверзные беды
Яви роковой.

Полоумье всюду
Сумасбродных дней,
Бесятся иуды
Злобою своей.

Мрачною зимою —
Ледяной острог,
Суждены тобою
Тысячи дорог.

Лики недовольных
Яростных зверей,
Окрики конвоя,
Стрельбы егерей.

Пламенные речи,
Низменный азарт,
Гаснущие свечи,
Матери в слезах.

Пагубные списки
Полнят тишину,
Злобные записки
Прокляли страну.

Поглощает Лета
Праведных истцов.
Мытарства поэтов
В княжестве глупцов.

Новые иконы,
Свечи на столе,
Злобные законы —
Души в кабале.

Жуткое насилье
Мировой судьбой,
Лживые мессии
Яви роковой.

Пагубной рутиной
Прозябает тишь —
Зонной паутиной,
Немотой кладбищ.

Беснованье быстро
Обживает ум,
Обреченность мыслей,
Негодяйский зум.

Предвкушеньем краха
Низменно живешь,
Шапкой Мономаха
Овладела ложь.

Яростно боролась,
Покоряя свет,
Полоумный голос
Окаянных бед.

Злые перемены
К смерти привели:
Резанные вены,
Свитые петли.

Вид чрезмерно жуток
Проходных дворов:
Взгляды проституток,
Каверзность воров.

Красотой рассветно
Петербург объят,
Молится заветно
У Вселенских Врат.

Страстью наваждений
В мчащихся веках
Идиот здесь — гений,
Мудрый — в дураках.

Жуткие обряды
Нищенской страны,
Низверженье Правды,
Лавры сатаны.

Золотой Исаакий —
Царственный собор,
Нежит в полумраке
Жизненный узор.

Слышен куполами
Колокольный звон,
Бродит небесами
Полуночный сон.

Гаснущие свечи,
Страстные псалмы,
«Аллилуйя» певчих —
Вечностью взаймы.

Светлые молитвы
В праведную рань,
Яростные битвы,
Низменная дрянь.

Истинно увидишь
На святой Руси
Чудотворный Китеж,
Благостную синь.

Тульские узоры,
Питерская шаль,
Реки да озера —
Жизненная даль.

Заняла полмира
Вечной красотой
Ясная Пальмира
С искренней мечтой.

Благодатью сана
Полнятся века.
Ясная Поляна,
Чёрная Река.

Древние преданья,
Праведная сень,
Девичьи гаданья
На Иванов день.

Истинностью русской
Продолжают сказ
Мелодичность гуслей,
Откровенность глаз.

Явью молодою
Лето отцвело,
Сенью золотою —
Царское Село.

Мудростью преданий —
Жизненный амбар,
Горечью страданий —
Нищий млад и стар.

Пушкинским пожаром
Возгорелся Фет,
Гоголевским жанром —
Чеховский сюжет.

Серебристый иней
Чувственных основ
Покрывает Зимний
Тайнами веков.

Пышные уборы
Мрачного нутра,
Крепкие соборы
Славного Петра.

Жизненной рутины
Пагубный удел,
Власть Екатерины —
Сумасбродством дел.

Часом ошалелым —
Жуткая заря,
Гласом озверелым
Грозного царя.

Злодеяньем новым
Сытые сполна,
Разин с Пугачевым —
Крови и вина.

Лики печенегов —
Злобой маеты,
Вещего Олега
Светлые черты.

Созидали наш мир
Праведной судьбой
Ольга да Владимир,
Невский и Донской.

Жизненным союзом
Боевых вершин —
Суворов и Кутузов —
Русский лик души!

Чаянья народа
Пропадают зря
Мнимостью прихода
Доброго царя.

Изощряли слишком
Мирозданный сан
Васнецов и Шишкин,
Рерих, Левитан.

Множеством вопросов
Возрастаем мы.
Павлов, Ломоносов —
Русские умы.

Светочем открытий
Благостно живешь,
Чередой событий
Мудрость обретешь.

Грустно на Ордынке,
Иль на весь Арбат
Стонет на волынке
Горестный набат.

Любящей невестой,
Страждущей вдовой…
Чехов, Достоевский,
Гоголь и Толстой.

Пушкин и Есенин,
Лермонтов и Блок,
Светлым воскресеньем —
Жизненный урок.

Благодатным делом —
Монастырский быт
Нравственным уделом
Праведной судьбы.

Тайные обряды
Благостью итожь,
Страждущую правду
Попирает ложь.

Древние иконы
В келиях глухих,
Низкие поклоны
Образам святых.

Лучезарность мыслей
Озаряет мир
Патриарших ризниц
Красотой порфир.

Вечные томленья
Памяти людской,
Страстные моленья
Сени роковой.

Праведной манерой
Посреди лесов
Бродят староверы
Под надзором сов.

Ведьмы, вурдалаки,
Злые упыри,
Ветхие бараки
Да монастыри.

Жуткая рутина —
Пагубная сеть,
Злачная «малина»,
Пряники да плеть.

Чудотворной верой
Озарен пустырь,
Освящает Сергий
Спасов монастырь.

Русь уныло дремлет,
Отлежав бока,
Вспоминают земли
Удаль Ермака.

Страстные рыданья,
Неустанный спор,
Древние преданья,
Песенный набор.

Светлая духовность
В жуткой нищете,
Полная бескровность
Во благой мечте.

Мрачными веками
Жизненных прорух —
Лживость языками
Нечистивых слуг.

Прах на пепелищах
Дьявольских ночей,
Обреченность нищих,
Мытарства бичей.

Зверские законы
Низменных имен,
Страстные поклоны
Бедствием времен.

Мрачные обряды
Роковой межи,
Низверженье Правды,
Царствованье Лжи.

Злые кривотолки
В душах развелись,
Скалимся, как волки,
С хитростями лис.

Ужас обгорелых
Пагубностью лиц,
Будни престарелых
В нищете больниц.

Жизненные муки,
Непосильный труд,
Праведной науки
Совестливый зуд.

Страшною проказой —
Гнусные часы,
Нерадивым сказом —
Яростные псы.

Непомерно злые
Шутки на костях,
Бедствия лихие —
Сатана в гостях.

Действием рутинным
Пагубность итожь
Криком лебединым
С прокрустовых лож.

Беснованье духов
На лихих пирах,
Злобная разруха
Порождает крах.

Хлебушек насущный,
Горсточка крупы,
Царствием имущих —
Нищенство толпы.

Лики удрученных,
Всемогущий страх,
Сотни обреченных
На твоих крестах.

Бедствие прослойки,
Озверелость рож,
Свалки да помойки,
Пистолет и нож.

Дьявольское зелье,
Шкуры на костях,
Дикое веселье
В низменных страстях.

Жертвенные списки
Поражают слух,
Злые василиски —
Нечистивый дух.

Обреченье ищет
Скудные гроши,
Медяками нищих —
Маета души.

Мрачною Луною —
Откровенья строф
Горестной судьбою
Праведных миров.

Пагубные свалки,
Дерзкая молва,
Хитрые гадалки —
Сущность Естества.

Голые «мадонны» —
Глупости портрет,
Ясные иконы —
Животворный свет.

Злобною порою —
Праведность души
Верою святою
Жизненных вершин.

Нищенством народа
Пролетает век,
В гулких переходах —
Тысячи калек.

Ликами окраин —
Пагубность трущоб,
Грудами развалин —
Бытовой озноб.

Мудрыми речами —
Светлые умы
Звездными ночами
Ненавистной тьмы.

Я устал от вечных
Полоумных снов
В лоне бесконечных
Кукований сов.

Беснованьем мысли
Разомкнув уста,
Прибивали кисти
Светлого Христа.

Злобные дороги,
Где голодомор,
Жуткие остроги,
Пагубный позор.

Красотой вечерней —
Оптина пустынь,
Сумасбродство черни
Около святынь.

Горестные письма
Мрачностью своей,
Обреченность смысла
Нерадивых дней.

Злоба неотвязней
Низменных идей,
Тысячами казней —
Миллион смертей.

Выцветшее платье,
Плаха, эшафот,
Жуткие проклятья
Распирают рот.

Склоки, распри, драки,
Воровство и грязь,
Ярые собаки
Да людская мразь.

Правдою убоги
Древние места,
Вспомнила о Боге
Совесть неспроста.

Яростной химерой
Ненависть в тебе,
Сатанинской мерой
Маешься в судьбе.

Истину послушав
В бездуховной мгле,
Истрепал я душу
На твоей земле.

Лестные посулы,
Страстные слова,
Свернутые скулы,
Злобная молва.

Пагубные споры,
Тысячи обид,
Жуткие раздоры —
Неприглядный вид.

Вечные страданья
Благостных надежд,
Пьяные гулянья
Ханжеских невежд.

Мрачным отреченьем
Изнывает день,
Вечным обреченьем —
Яростная тень.

Таинство святое
На твоей земле,
Бедствие лихое
В сумасбродном зле.

Вспоротые вены,
Грязные дела,
Мерзкою изменой
Совесть продала.

Нищие изгои,
Алчные цари,
Каешься святою
Благостью зари.

Благодатным небом —
Властные столпы,
Зрелищем и хлебом —
Возгласы толпы.

Пагубные виды
Безрассудных грез,
Жуткие обиды —
Водопадом слез.

Расцветает в поле
Горькая полынь,
Чаяньями воли —
Мировая синь.

Глупые вопросы,
Грязные дела,
Подлые доносы,
Битые тела.

Забуянил снова
Дерзкий сумасброд,
Рождества Христова
Праведный восход.

Жизненные сказки
Мудрого ума,
Эпилог развязки
Создала сама.

Сотни приговоров
Мирозданных драм,
Лязганье затворов,
Ужас панорам.

Жуткие кошмары
Лагерной среды:
Кованые нары,
Пайка баланды.

Яростным истоком
Пагубных идей
Строевым потоком —
Множество людей.

Вечностью унылой —
Судеб круговерть,
Дерзостною силой
Торжествует смерть.

Страстью удрученных
Закипает кровь,
Сотни обреченных
На твою любовь.

Души обветшали
Пагубностью дел,
Кутается в шали
Нищенский удел.

Творческие муки —
Глупости вразрез,
Светочем науки
Движется прогресс.

Властно излагаешь
Нерадивый слог,
Низменно являешь
Пагубный подлог.

Торжество событий,
Дурости бардак,
Сотни общежитий —
Мировой барак.

Зачерствели души
Горестью ума.
Ужасы психушек,
Детские дома.

Строгие таможни
Нравственных границ
Жизнью невозможной
Обреченных лиц.

Лживые гаранты
Новых перемен,
Сотни эмигрантов
Сущностью измен.

Нерадивость хартий,
Словоблудье масс,
Многоликость партий
В беспросветный час.

Низменная ругань
Искажает мир,
Золотом хоругвей
Светится эфир.

Злом неутомимым —
Опостылый быт,
Светочем ранимым —
Певчие судьбы.

Ликом превосходства —
Тайные мечты,
«Красота» уродства,
Ужас красоты.

Гаснущие звезды,
Дьявольские сны,
Меркнущие грезы,
Летопись весны.

Жуткие виденья
Сводят на отшиб
Мрачного паденья
Страждущей души.

Яростным кумиром
Озаряешь новь,
Окаянным миром —
Грешная любовь.

Вечной отщепенкой
Пагубно живешь,
За железной стенкой
Бытие куешь.

Злобою негодно
Сумасброд возрос,
Запускают подло
Жизни под откос.

Вечное страданье
Бедствием лихим,
Мертвым — отпеванье,
Горести — живым.

Излучают нимбы
Мысли Бытия,
Миллионы гибнут —
Что я для тебя?

Сонмы обещаний,
Страшный приговор,
Тяготы прощаний,
Ненавистный взор.

Сбитые колени
У Господних врат,
Страстные моленья
Пред отходом в ад.

В жертвенном потоке
Затеряюсь я —
Мировом истоке
Сферы Бытия.

Если в злые будни
Я к тебе вернусь,
Ты такой же будешь,
Страждущая Русь.

В чувственном разгаре
Душу изольешь,
А затем, в угаре,
В спину нож воткнешь.

# ОТРЕЧЕНИЕ
*или*
# ИСХОД ИЗ АДА

Этой ночью февральскою едкою первой
Из последних оставшихся жизненных сил
Я, натужив неутомимые нервы,
Прокачусь по бескрайним просторам Руси.

Все в реальности снова творится неладно,
Где ютится блаженной души маета…
Расцелуй же пургою меня так усладно,
Как лобзал в Гефсимане Иуда Христа!

Неустанно копали могилу изгою
Миллионы неистовых яростных лиц,
И всесилием рока с коварною мздою
Подсылала ко мне ты бездушных убийц.

Постепенно проходят лихие столетья,
Но не меньше буяет в глуши беспросветная боль,
Где, являя проклятьем в сердцах междометья,
По разбитым трущобам скитается серая голь.

Ты, тщеславием власти немыслимо тужась,
Беснованьем надменно-кощунственных слуг,
Водворив в наши души панический ужас,
Заселяла в сознание жуткий испуг.

У многообразной славянской общины,
Сумасбродной плеядой коварных утех,
Процарапай на лицах сухие морщины
Величавых, помпезных, эпических вех.

Ты подложно являешь судьбы соразмерность,
Указав созиданию жертвенный путь,
Прививая навечно собачую верность,
Чтоб в глазах полыхала звериная лють!

Проявись обречением в пагубных видах
Полоумных свершений великих кровавых эпох,
Чтоб болезненной смертью стал каждый твой выдох
Да истошным проклятием стыл каждый вдох.

Ждут убийцы прислужно, с притворною дрожью,
Сникнув долу, не смея открыто коситься наверх,
Чтоб им бросили светлые жизни к подножью
Гильотины отточенных дерзостью мер.

Как ужасной свинцовой смертельною пробой,
Ты ничтожила всех со всевластной руки...
Собери по бессчетным могилам, попробуй,
Достижений великих своих черепки.

Обуяли сознание злые пороки,
Сотворившие гнусных интриг закулисную вязь.
В Мироздании этом святые пророки
Избегают тебя, как бездушную грязь.

В бесконечной неистовой круговерти,
Уничтожившей подло благие мечты,
Ты ждала моей жуткой мучительной смерти
В обречении ветхих надежд, суеты.

Я тебя ненавистно сегодня презрею
За проклятого ханжества злую вину,
А вот если душой благодатно прозрею,
То духовные ценности свято верну.

Записав нас навечно в лихие подранки
При закрытых цензурою ртах и ушах,
Ты пыталась всех втиснуть
                      в идейные рамки,
Чтобы все — слово в слово и точно — шаг в шаг.

Как Евангелие или старинные Веды
Я постиг чистотою Вселенской души,
Точно так же твои бесконечные горькие беды
Я навеки веков заучить поспешил.

Видишь ты почерневшие эти оттенки
Под глазами у страхом и горем больного лица?
Вспомни, как прибивала нас яростно к стенке
Смертоносною мерой лихого свинца!

В мирозданных твоих необъятных,
                      продутых ветрами просторах,
Благоденствием чувств из пропитанных верой основ
Я скитался с кошмарной тревогою беглого вора
В беспросветных агониях призрачных снов.

Но мои сборы больше душевно недолги,
Ты уж ныне за это с меня не взыщи,
Примелькались давно мне
                      твои КГБшные черные «Волги»,
И глаза промозолили жутко Лубянки стальные плащи.

Да, мою ты крамольную первую книжку
Заковала навеки в объятья цензурных оков.
Несомненно, с лихвой
                      потянули на «вышку»
Композиции дерзких, свободомыслящих строф!

Но сегодня
        твое завершилось кошмарное время,
Что неистовой злобой тщеславно твердит,
Видя то, как Истории тяжкое бремя
Неустанно ваяет надгробный гранит.

Ведь тебе предстоит смертоносно являться,
Сотворяя коварства безумный подход,
Где под гневные бури шумящих оваций
Поколенья пускают с твоих повелений в расход.

Ты давала нам тягостно выжить
Неустанностью веры в обилии зон,
Чтобы все до конца из нас пагубно выжать,
Проявляя лихой сатанинский резон.

Да, была в тебе неодолимая сила
Полоумным деяньем в неистовый час.
Злая «правда» всегда нам так ярко светила,
Что ослепнуть сознаньем заставила нас.

Наши чувства поруганы подлой манерой
Нерадивой твоей беспросветной «любви»,
Там, где скалятся власти ужасной химерой,
Обнажая коварные страсти свои.

Ты узнаешь, как вера пылает бессрочно,
Возгорая заветно святые огни,
Где хранят покаяния тяжкие ночи
И дождями рыдают бедою прогорклые дни.

Не терзай достиженьем сознание подложно,
Проявляя величье тщеславья в помпезных мирах.
Ведь отбыл я уже, сколько это возможно,
Обреченьем в бездомных твоих дураках.

Ты безумной когортой жестоких тиранов
Сможешь только за пару ужасных веков
Даже самых могучих атлантов-титанов
Обратить на свой грех в земляных червяков.

Совесть сникла в душе,
      но она разве пискнуть посмела,
Когда с дикою сворой бездушных твоих палачей
Хохотало кошмарное гулкое эхо расстрелов
В пепелящихся ликах ужасных косматых ночей.

Ты, страдая предчувствием явного краха,
Под холодным осенним дождем
Заселяла последней надеждой
        неистовость страха
Демонически грозным картавым вождем.

Засевая обманом житейское поле,
Уничтожив духовность до самых основ,
Ты лишила нас ныне божественной воли,
Превратив всех навечно в покорных рабов!

Я устал созерцать сатанинские стансы
Обреченьем последних измаянных сил,
Где этапы лихих пересылочных станций
Переполнены ликами вещих мессий.

Рассадила безумье партийной заразы,
Утопив созидание в яростной мгле,
Чтоб плодились извечно твои метастазы
Коммунизма по страждущей горем земле.

Ты нелепостью преображений
Осудила, унизила, оболгала,
Чтоб кошмарно боялись своих отражений,
Обреченно в кривые смотрясь зеркала.

Не залечишь притворною лестью теперь ножевую
Рану горя
        в извечной фатальности дьявольских цифр.
Возврати мне сегодня свободу нагую,
Забирая свои золотые дворцы.

Я прождал очень долго, минуя подвохи,
Верил, чаял, надеялся, силы духовно копил,
И сегодня, под неба тяжелые, слезные вздохи,
Слышишь: час воздаяния грозно пробил!

Да, за все мои неизлечимые раны,
Где так ненависть всеобозримо видна,
Я надеюсь, что поздно иль, может быть, рано
Мне заплатит твоя роковая вина!

Мы сознанием неумолимо звереем,
Если злая коварность
                              ничтожит священную честь,
И в сосудах души, что наполнены сладким елеем,
Проявляется дико невероятная месть.

Упоен я безверья лихими дождями
И огнями надежды измотан дотла,
Сытый вдоволь делами, словами, вождями,
Что мне злая судьба за всю жизнь принесла.

Безрассудность не знала моральной преграды,
Где смертельно буяла лихая пора,
Раздавая усердно большие награды,
Проклеймивши в архивных делах наших душ номера.

Пусть, взирая глазницами яростной смерти,
Испустив истерически пагубный крик,
Мирозданного зла полоумные черти
Окровавят судьбы неприкаянный лик.

Пусть попробуют дико шальные «мессии»,
Обещаньем всевластным тщеславно маня,
Изощряясь в последнем коварном бессильи,
Возвратить в твои грязные руки меня.

Нет, сегодня я вырвусь своею душою
Из твоих демонически низменных уз,
И Господь будет вечно духовно со мною,
А с тобой — сатана, нерадивая Русь.

Не тебе ли сегодня ужасно бояться
Яда фальши, который презрительно льют
Злые полчища неугомонных паяцев
В твой убожески пагубный горе-приют?

Забери все свои заказные убийства,
Черствость душ, злонамеренность призрачных грез,
Мне оставив печаль желтых
                      траурных листьев
От осеннего белого танца продрогших берез.

Дай мне жуткую быль и священную небыль
Да навечно ушедшие в Лету лихие года,
Чтобы яркой звездою,
                    горящей на сумрачном небе,
Вспоминать невзначай о тебе иногда.

Ни к чему напоследок скупые страданья
Вперемешку с тирадами ревностных слов,
Ведь тебе непременно назначат свиданья
Композиции сотен озлобленных яростных строф.

Пусть свободная мысль благодатно прольется,
Выражая вселенский пророческий сан,
Там, где Бог созидающим духом коснется
Всех моих незаживших гноящихся ран.

Натерпевшись страданий в кромешной неволе
И к ужасным законам привыкнув сполна,
В светлых чаяний высоконравственном поле
Сгнили благословенных идей семена.

Ты всесилием неоспоримых заветов
Злодеяния жуткие все подытожь
В обреченности неумолимых рассветов,
Где предсмертных конвульсий кошмарная дрожь.

Я безмерно устал от твоих демонических истин,
И сейчас наступила святая пора
Воспарить в Мирозданье,
      где носятся звездные искры
От зажженного Богом Зари золотого костра.

Да, видны благодати духовной оттенки
В той дали, где сияет
      Божественный смысл,
Ведь сегодня я рушу сознаньем лихие застенки,
Что держали годами
    мою вольнодумную мысль.

Я Вселенской душою являю дорогу
Силы воли кипящих свободой кровей
В те края, где возвышенно молятся Богу
Купола величавых, исполненных верой церквей.

Там нет жутких разбитых, наполненных вшами бараков,
Где навеки упрятаны в каменных стенах надежд имена
И погублены сонмы великих умов немотой полумрака,
Не сумевших понять, осознать,
      в чем же их пред тобою вина.

Неужто, Русь, мы все к тебе так званы,
Чтобы явиться жизненно в твоих местах
И рыть вдоль-поперек траншеи, котлованы
Да валить в Магадане, Иркутске леса?

Благодатью животворящего света,
Лучезарной идеей священной своей,
Из Сознанья рождались ручьи Интеллекта,
Что стекали навеки в болота твоих лагерей.

Безысходности апофеозом,
Уморив обреченные души людей,
Ты водила народ под смертельным наркозом
Величавых своих сатанинских идей.

Повсеместно извечно писались доносы,
Проявляя усердия яростный смысл,
Где кошмарною цепью лихие допросы
Выбивали из страждущих душ уцелевшую жизнь.

Эта сущность маниакального смысла,
Сотворенная злым василиском:
Имена, приведенные Книгою Жизни,
Перенесены подло в расстрельные списки!

Не спеши проявлять демонический нрав,
Сатанинские взоры тараща!
Вот стоишь ты — огромный лихой Голиаф,
Только я — как Давид с правдорубящей пращей.

Кружат снова неутомимые своры
Демонически злобных твоих палачей,
Подписав нам усладно свои приговоры
В кабинетах, забрызганных кровью
                              кошмарных ночей.

Мне порою казалось,
                что это ужасно все снится,
Но являлись все те,
                кто на помин чрезмерно легки,
Освещая слепящим прожектором бледные лица,
Чтоб бессонниц агония нам развязывала языки.

Ты нас пагубным злом уничтожить хотела,
Проявляя лихой сатанинский азарт,
Ведь любила с пристрастием перед расстрелом
Посмотреть бедным жертвам всевластно в глаза.

Ты желала, чтобы, перед тобою покаясь,
На колени упали в трагический час,
Но, узрев непокорность, душой распаляясь,
Разряжала обоймы неистово в нас.

Ты, убийственно-яростным роком
Проявляя неугомонную мысль,
Выдавала билет в Магадан
                      четвертным устоявшимся сроком,
Как лихую путевку в грядущую «светлую» жизнь.

Мы молились на вышки, которые властно стояли,
Чтоб они не являли свою сатанинскую дурь,
И в побеге отчаянном не поражали
Смертоносною мерой неистовых пуль.

Мы клейменные с детства покорности рабской печатью
И привиты любовью к твоим сумасбродным «верхам»,
Лихо вскормлены горем, тоской и печалью
Да привыкшие явно ко всем опостылым грехам.

Безрассудною силой коварных идей,
Где бесилась твоя сатанинская месса,
Шли на Север составы с этапом людей,
А назад — исключительно с лесом.

Ты великим стремлением вещего смысла
Указаний «бессмертных» вождей не нарушь.
Сосчитай, сколько в зонах расстреляно мыслей,
Подытожь, сколько в тюрьмах погублено душ!

Ты ведь знала, что негодование вечное будет
Сворой низменно-подлых твоих стервецов,
Чтобы шли раболепски откланяться глупые люди
«Найживейшему» в мире из всех мертвецов.

Ты усладно играешь всесилием слова,
Где проносится эхом
               октябрьский неистовый гул,
И, отплюнутый Спасскими вратами снова,
К Мавзолею почетно шагает лихой караул.

Полоумием остервенело объято,
Неустанностью маниакальных идей
Зло коварно струится из недр зиккурата,
Заполняя сознание тысяч людей.

Уничтожив свободу неволей кромешной,
Зажигаешь надежды измаянный свет,
Где отверженным чувством любви оскудевшей
Угасает навеки умов вешний цвет.

Ты лихою душою коварно позарясь
На Божественной Вечности жизненный миг,
Обрываешь тщеславно вселенскую завязь
Светлых мыслей у гениев нищих твоих.

Ты убиваешь их, чтобы фатальным риском
Орали бы проклятия в неласковых местах,
Где, начертав безверие
               в предсмертных злых записках,
Висели бы в летальных петлях либо на твоих крестах.

Ты часто говоришь о светлом будущем,
Свое былое укоризной теребя,
Чтоб низменно губить любимых всех и любящих,
Неутомимо верящих в тебя.

Ты всесилием «миротворящего блага»,
Апогеем кощунственно подлых идей,
Создавала несокрушимость ГУЛАГа,
Чтоб злодейски ничтожить безвинных людей.

Сосчитай,
      скольких нас ты коварно сгубила,
И задумайся молча об этом потом,
Проходя по заброшенным жутким таежным могилам,
Только глядя на это, не тронься умом.

Ты о чести поруганной не беспокойся,
Пропуская по коже ознобный мороз.
Погляди, что ты сделала, —
                    горько поплачь и умойся
Театральностью вечно наигранных, низменных слез.

Пробуди демонически злобные бури,
Что буяют в твоей сатанинской крови,
Воспаляя сознание яростью дури
Сумасбродной твоей нерадивой «любви».

Ты пройдись отрешенно по видам священным,
Где тела убиенных тобою безвестно лежат,
И по всем непокорным,
              расстрелянным, изгнанным, пленным,
Зазвони в запоздалый душевный
                          и стонущий грустью набат.

Сохранили стенанья тюремные толстые стены
Ненавистными тембрами яростных слов,
Где скитаются жутким проклятьем кошмарные тени
Среди вони параш и чахоточных серых плевков.

Я вовек не забуду твой сумрачный пагубный голос
Под тяжелых засовов пронзительный режущий визг, —
Это все в моем сердце измаянном перемололось,
Чтоб остаться со мною в судьбе
                        на грядущую вечную жизнь.

Сотвори навсегда беспросветную бедность,
Проявляя коварным усердьем своим
Наплывающих весен предсмертную бледность
С обреченностью яростно стонущих зим.

Но теперь ты бесовским раскатишься воем,
Видя то, что закончен кощунственный сказ...
Побродил я душой под бессменным конвоем
Всех твоих неусыпных, всевидящих глаз.

Я бессмертно вернусь с вечной ангельской стаей,
Преисполненный светом духовных вершин,
Лишь коварной цензуры огни пролистают
Откровенья моей непокорной души.

Пригорюнилась? Самое время проститься
С обитателем тюрем и пагубных зон!
Разливай побережьями черного Стикса
Сладкозвучно малиновый, стонущий звон!

Пусть пойдут твои мрачные даты,
Мировую реальность сурово кляня,
Проводить навсегда в золотые закаты
Благоденственной мысли сегодня меня.

Пусть усладно твои фарисеи, пилаты
Грех являют коварный, притворно любя,
Не нужны мне вовеки елея палаты —
Только светлая воля вдали от тебя.

Не гляди с укоризною вслед ошалело!
Ухожу навсегда, благородством дыша,
Видя то, что ты — нищее, скудное тело,
Из которого вышла навеки святая душа.

Обрывая все благословенные нити,
Повязавшие жизненным чувством с тобой,
Я шепчу тихо: «Люди, меня вы простите»,
Все сжигая Былого мосты за собой.

Да, за подлость твоих безрассудных ошибок
Нас Судьба всех давно бы на плаху свела,
И являешь ты лики тщеславных улыбок,
Что пропитаны едкими чувствами зла.

Напоследок на все золотые иконы
Я взгляну, лучезарностью мысли взлетев,
Под уставшего сердца печальные стоны
Перекрывая неистово яростный гнев.

Не надейся,
             прощенья вовеки не будет,
Лишь настанет возмездия злая пора,
Где тебя проклянут с едкой горечью люди
За все то, что творила ты
                  в Жутком Вчера!

### * * *

Духовностью озарена,
Лежит земля под нашими ногами —
Уставшая, больная и сполна
Измятая чужими сапогами.
Грядут события лихие,
Переполняя души, чтоб
Не пить благую ностальгию,
Впадая в чувственный озноб.
Ведь нерадивость прегрешенья,
Присущая коварной мгле,
Творит безмерные лишенья
На неприкаянной земле.
Здесь я душою ежечасно
На плаху смертную иду
И все пытаюсь, но напрасно,
Увидеть рай в твоем аду.
Я понимаю: тень забвенья
Быть на судьбе обречена,
И, выбирая путь спасенья,
Бегу, испит тобой сполна.
Но свежий ветер молча в спину
Толкнет меня, как старый друг,
Сознанье обращая к клину,
Что полетел на запад вдруг.
И вдохновенно журавли
Мне прокричали в небе синем:
«Мы в светлой жизненной дали
Тебя вовеки не покинем!»

# РУСИ...

## Часть I

Когда Божественная новь
Наполнит светлую реальность,
Впущу в сознание любовь,
Чтоб пробудилась гениальность.
Недолгий век большим делам
Стезею жизненной рассрочки,
Где мир подыгрывает нам
До роковой, фатальной точки.
Неугомонностью своей
Все те, кто стесывают перья,
Являют пагубный елей
Всесилью нашего доверья.

Поэтов любит женский пол,
Которому душой не внемлю,
Ведь за его лихой подол
Великие ложились в землю.
Бывает благосклонным рок,
Когда, гася надежды свечку,
Ты нажимаешь на курок,
А пистолет дает осечку...

Мир не приемлет слишком добрых,
Ничтожа их в шальном мгновении
Петлею и свинцовой пробой,
Когда бушуют злые гении.
Душой, неистово лихою,
Тираны явно, не спеша,

Обозревают поле боя,
Коварной яростью дыша.
Они берутся за перо,
Напудрившись идейным гримом,
Прикрыв ничтожное нутро
Величественным псевдонимом.
Стезей тщеславного усердья
Служа примером для глупцов,
Отождествляют лик бессмертья
У негодяев и лжецов.
Безумна пафосная вера,
Как демонический Колосс,
Дабы лихого изувера
Ваять в монументальный рост...
Не прославляйте их, невежды!
Пришла фатальная пора
Ничтожить ветхие надежды
Обожествленного Вчера.
Мирам, как страшную чуму,
Швырнули злую гениальность,
Являя жуткую реальность
Парадоксальному уму...
Хлебнув идейного дурмана,
Глядя безумием окрест,
Русь возжелала Емельяна
Сумбурностью плачевных мест.
Срываются колокола,
Неутомимо вьюга свищет...
Извечно Русь всесилье зла
Мела по ратным пепелищам.
Он откровенно безобразен —
Неугомонный бунт души,
Как яростный, коварный Разин,

Зовущий праведность крушить.
Добро всегда идет на плаху,
Дантесом сражено в дуэли,
Срывая рваную рубаху
И дико мучаясь в постели,
В пылу немыслимых агоний
Вновь помышляя о погоне,
Сгорая в обреченном теле
Бессильем жизненных гармоний,
И гибнет в яростной метели,
Но возрождается в глубинке
Прекрасною сонатой Глинки,
Растаяв в призрачной дали
Над изнуренностью земли,
Ловя рассвета паутину
В свою извечную рутину
Простором ветреных долин.
В неприхотливом обиходе
Пленяюсь мудростью веков,
Являясь в чутком обороте
Благонамеренных основ,
Где скука зимних вечеров
Преображается постыло
Кошмарами январских снов
Эпохи, что страстями выла.
Смерть поражает неустанно,
Как демонический вампир,
Чтоб алчность непомерно рьяно
Поработила этот мир.
Зло закипает оголтело,
Налив проклятием глаза,
Ведь благородству до расстрела
Всего осталось полчаса.

Плеядами вселенских мыслей
Являя чувственный поток,
Стезей Божественного смысла
Творит неутомимый Блок.
Зло распаляется мгновенно
Неумолимостью своей,
И смотрит Бог проникновенно
На облики святых церквей.
На демоническое вече
Нас глас неистовый созвал,
Где, заглушая хоры певчих,
Звучит «Интернационал»,
Чтоб голосистая картавость
Потугами зловещих сил
Остервенело отозвалась
Порабощением Руси.
Русь с подоплекой Иудеи
Являла светлые идеи...
Да, ей болеют и евреи!
Они, привыкшие к слезам, —
Искусств, науки корифеи,
Ее пленяя, ей пьянея,
Здесь вырастая и седея,
Вкушают жизненный бальзам.

Уйду душою
         без возврата
Оплакивать сумбурный март
Туда, где пагубность разврата
Являет дьявольский азарт!
Весна свои явила узы

Виденьем сладоликих снов
С высоконравственным союзом
Духовно-жизненных основ.
Но снова грезится мне Русь,
Где прозябает злое горе.
Ее учить я не берусь
В безумно-нерадивом вздоре,
Который яростью ведом,
Но в сладоликом лунном свете
Простор ласкает свежий ветер,
Слагая стансы о запрете
Вселенским вольным языком…

Открыв духовные глаза,
Вникал в предвечные основы,
Увидев, как души слеза
Катилась по щеке Толстого,
И вырывался дикий стон,
Ведь слишком краток лик времен
Работы сердца колотившего,
Лишь поминай теперь почившего,
Как жизненный ушедший сон,
Но сумасбродной злобной завязью
Преобладает алчность завистью,
Что уж на славу не позарится —
Его отпел вечерний звон.
Я шел воинственным стрелком,
Пока еще хватало силы,
Бежал по стеклам босиком
Среди реальности немилой,
В сией безумной круговерти
Не принимая лики смерти,
Которыми злой дух влеком.

Благонамеренностью сана
Пусть небеса нас подождут,
Коль от тщеславного Ивана,
Что взялся за творенье рьяно,
Ругая Мирозданье пьяно,
В Европе лучшего не ждут.
Я истерзал желанья в кровь.
Чего же ты молчишь, Всевышний,
Иль тоже думаешь, что вновь
Я на сией планете лишний?
Глупцы без совести и чести,
Насытив ненавистью плоть,
Хотят с неистовостью мести
Дух созиданья побороть.

Эпоха ворвалась без стука,
Как грехотворная наука,
Распотрошив привычный быт...
Терплю, молюсь,
                    безвинно каюсь
И разумом понять пытаюсь
То, от чего уйти стараюсь,
Но в отрешении теряюсь
В дилемме мировой судьбы.

Ты, Русь,
            ранимостью глубока,
Желая злобного пророка,
Который бы уничтожал
Тебя немыслимо жестоко,
Но верю я в тебя заветно,
И вера так моя стара,
Что в ней являются рассветно

Деянья гения Петра,
Который мудростью вчера
Открыл великую Европу
Всем обленившимся холопам,
Неистовствующим неприветно.

Когда преддвериями краха
Придет фатальная пора,
Меня обнимет злая плаха,
Целуя сталью топора,
И стану я душою слезно
Твердить священные слова,
И явятся благие грезы,
Когда сорвется голова
С колоды смертного помоста…

Ступая хилыми ногами,
Зима откроет свой острог,
Хрустя январскими снегами
Под тяжестью твоих сапог.
А там дела ужасные
Явились жутким ворохом:
Пылает площадь Красная
И Зимний пахнет порохом.

О Русь моя раскольная —
Монахиня свободная,
Без звона колокольного —
Чужбина всенародная!
Венец самодержавия
В Божественной обители,
Где светом православия
Сияет Храм Спасителя.

Кошмарное убожество —
Русь нечистью беременна,
Убийц — лихое множество,
Правленье их — безвременно.
Неистовостью движимы
Коварные разбойники!
Живые все унижены,
Осквернены покойники.
Неутомимо молятся
Душевные страдания:
«Божественная Троица,
Прими же покаяния!»
Была ты Русь великая,
Веселая, станичная,
Духовно многоликая,
Но ныне — стала нищая.
А ярость залихватская
Зовет чинить бесчестие...
Какая сила адская
В тебя вселила бестию?

## Часть II

День добегает сворою борзых,
Ловя, как зайцев,
              загнанные души,
И загрызает на исходе их
Иль, догоняя, яро душит.
Настала низменность смятений,
Несущая шальную дурь,
Когда октябрьский гром осенний
Излился чередою бурь.

Так возвестила нам «Аврора»
Эпоху красного террора.
Перешагнуло Бытие
От полоумия к безверью,
Где сумасбродный
                    Человек с ружьем
Неумолимо стал под дверью.
Он выдал пагубность канонов
Всевластьем яростных убийц,
И чтобы свод лихих законов
Бесился ненавистью лиц,
Он демоническим резоном
Являл неутомимый блиц,
Когда погибель миллионов
Творил безумьем без границ.

От низконравственных речей,
Страна коварностью промозгла,
Как будто точит алчный червь
Кору неистового мозга.
Соединились серп и молот,
А на Поволжье — тиф и голод
Идут по деревням с косой,
И доброта стоит босой,
Превозмогая злое горе,
Отчаянно с безумьем споря.
Там жуткие могилы роют,
Где соловьи волками воют,
И слезы — горькою росой
От беснования смертей,
А люди жрут своих детей,
Не ждя подмоги ниоткуда
И проклиная власть повсюду:

«За все воздастся вам, иуды!»
Глаза запали от печали,
Увидев горе бесконечное,
Россия ходит в черной шали,
Забросив платье подвенечное.
Души рубаха — наизнанку
И праведность — наоборот,
Где покорившийся народ
Идет этапами ГУЛАГа —
От стен Лубянки до Вятлага,
Где строится Экибастуз.
Встречай, Магнитка, пополненье —
Безликое столпотворенье,
Что будет смертным искупленьем
Тащить твой непосильный груз!
Вновь разум стал немногословен
Среди неистовых манер,
Страна оглохла, как Бетховен,
Страна ослепла, как Гомер.
Завоют ярые метели,
Когда поднимет нас с постели
Конвойный пагубный январь,
Но лишь душа буяет в теле,
Когда сомненья улетели
Туда, где райские свирели
Рассеивают злую хмарь.

Печаль молчанием покрою,
Обряд молитвы совершив
Осенней мрачною порою
Моей отверженной души.
Но верю, что придет весна
Взамен зимы смурной и длинной,

Зажгется красною калиной
В Алтае сердце Шукшина.
Я дни пытливостью листаю,
Где время мчится птичьей стаей,
На кон судьбу Руси поставив
Прискорбной смутой вечеров,
Где тембры благодатных слов
Преображает злую тьму...
Я верю Богу одному!

Поэзия — шальная дура,
Ведь подставляет грудь под дуло.
Когда безумные ликуют,
И лишь всевластные пируют,
Да жизнью лучшей интригуют,
Она дает лихой ответ.
Ее нелепо проклинают,
Неоднозначно отвергают
И провожают на тот свет.
Твой стих был свеж,
     как лик весенний,
Но был я сильно поражен:
Зачем ты, милый друг Есенин,
Полез к безумью на рожон?
Был, говорят, характер слаб,
И влез ты в петлю из-за баб,
Знать, в жизни разочаровался,
Но у любви ты был не раб!
Тут, знаешь, вот какая штука,
Ответ я дам на сей вопрос:
Ты думал, смерть — пустая шутка,
А вот она пришла всерьез.
Заплачет небо в едкий вечер

Тоской печального Есенина,
Горят твои стихи, как свечи, —
Вся Русь твоей строфой усеяна.
И в Левитановской картине,
Где слились дух, душа и плоть,
В божественном ультрамарине
Благослови его, Господь!

Бежал я от лихой судьбы,
Как от Медеи приворотной,
Покинув сатанинский пир,
Когда в житейской подворотне
Мне открывался новый мир.
Там проявленье тайн извечных,
Неутолимая тоска,
И в озареньях бесконечных
Пылает мысль Пастернака.
Там упоенною порою
Взойдет счастливая звезда,
Благословенною судьбою
Оставшись в мире навсегда…

Меня судили много лет
И присудили сотню с лишним,
Явив кощунственный запрет,
Но я ушел от всех неслышно,
Когда в суде царил обед,
И дал молчания обет
Не говорить про то, что вышло,
Благословив духовный свет,
Ведь им за все держать ответ
На паперти перед Всевышним!
Я сомневаюсь, что их даже

Там оправдает суд присяжных —
Коварных сущностей продажных,
И вновь, как в юности, однажды
От творчества Вселенской жажды
И от тоски своей большой,
Что подарили иноверцы,
Наедине с лихой судьбой
Вопросы задаю душой,
Чтоб мудро отвечало сердце.

Мне помнится, как был влеком
Непобедимый Бонапарт,
Великолепьем дерзкой славы
Являя жизненный азарт,
Читая злобным знатоком
Судьбы воинственные главы,
Творя лихие перемены,
Да был отравлен мышьяком
На острове Святой Елены.
Но лишь спустя лет полтораста
Перерождением контраста
Адольфа сильно поманит
Мысль, воссиявшая пристрастно,
И зло коварно воспарит,
Но ведь оно — не вечно властно,
И что История гласит —
То предначертано судьбою,
Ведь гидру ту, что мир повергла,
Тот спектр зла, готовый к бою,
Сничтожит справедливость Нюрнберга.
Но кто спасет калек, уродов
От обреченности сией,
Где горе плачет средь народов

Слезами вдов и матерей?
Им ожидать коварных мессий
Судьбою, проклятой вдвойне, —
Изгоям сталинских репрессий
И победителям в войне?
Страна, насыщенная кровью,
Их наградила чем могла
И государственной «любовью»
По тупикам всех развела,
Упившись грехотворной тризной,
Но им ли плакать за отчизной,
Которая их всех дотла
Своей житейской укоризной
В эпохе глупости сожгла.

Но время шло стезею зла,
Где свет дневной сменяла мгла,
Покрылась глиною зола,
А власть неистово лгала,
И всех убогость вновь ждала,
Пройдя войну, ну а кого-то —
Того, кто верой на мели, —
Два метра — по размеру эшафота
И два еще,
      что вглубь земли.
Вся безысходность изольется
В измаянности наших жил,
И кто вчера в почете был,
Сегодня в списках не найдется,
Ведь Мирозданьем воздается
За то, как праведно ты жил!

А осень, пагубностью цели,
Преддверием лихой дуэли
Швырнет в лицо перчатку клена,
Но я стою пред ней влюбленно
В смущенно-чувственном бессильи
И слышу, как в седой дали
Протяжным стоном в небе синем
Кричат надрывно журавли
Сердцами страждущей России!
Я попирал греховность бремени
Всесилием священных чувств,
Ведь ныне не совпал во времени
Тебя любить
    и быть любимым, Русь!
Ты с демоническими мыслями
Являлась «благом» на челе.
Да, мы духовно здесь прописаны
Любовью к страждущей земле,
Хоть перенесена сюда
Нам сумасшедшая палата
По воле низшего суда
И недоучки-адвоката.
Но истина судьбы проста
Писаньем Нового Завета:
От истязания Христа —
До мук сегодняшнего света.
Закончится стезя подвоха,
Явив фатальный эпилог…
Пройдет кровавая эпоха,
Как прошлых тысячи эпох!

Опять бездушные верхи
Твердят всевластные морали!
О Господи,
              за чьи грехи
Вновь Правду нелюди распяли?
Коварностью лихих времен
Ее с креста — челом на плаху,
Но мудрый скажет: «Мир спасен!»
В лицо кощунственному страху.
Пусть полоумие кричит:
«Закончена святая песня!»,
Но Слово Бога зазвучит —
И Русь воскреснет!

# ПАМЯТЬ

Что может рассказать безмолвье,
Благоговение впитав,
Лирическое послесловье
На монументе написав?

Здесь ивы плачут тишиною
Над яркими огнями роз,
Проникновенною порою,
Повитой шелестом берез.

Сюда, прорвавшись через бремя
Суетных бытовых забот,
Приходит нынешнее племя,
Чтобы понять житейский ход.

Возможно, притяженье это
Преображает черный цвет,
Благословением рассвета
Питая дух военных лет.

И тонет солнце от печали
Глубинами гранитных стел,
Наполнив светлыми лучами
Житейский горестный удел.

Земля безмерно тяжко дышит
Под глыбами могильных плит,
И Мировое Сердце слышит,
Как стонет горестно гранит,

И время, памяти под стать,
Распространяет стоны эти,
Когда на землю смотрит мать,
Где вновь в войну играют дети.

Да, наша вечная вина
В том, что в душе у ветерана
Не зарубцуется одна
Незаживающая рана,

Ведь в утверждениях упертых
И рассуждениях скупых
Дано нам почитать лишь мертвых,
Не вспоминая о живых.

Эмоции усердно выжав
Неугомонностью услад,
Мы забываем тех, кто выжил,
Пройдя боев кошмарный ад.

Бездушье мира обнажая,
Проносится за годом — год,
Где мы, себя не уважая,
Воротимся от их забот.

Стезею нашего участья
Все меньше горечи слезы,
Но просыпаемся мы часто
От нарастающей грозы

И видим лиц уставших бледность,
Что попечительством страны
Отвоевали злую бедность
У сокрушительной войны.

И у просящего слепого,
Который милостыне рад,
Висит на кителе убого
Одна медаль за Сталинград.

Преображеньем поколений
Урок трагизма не изжит,
Но сущность этих откровений,
Что лучше тем, кто здесь лежит.

И, в назидание покою
Несостоявшейся мечты,
Старик дрожащею рукою
Кладет к подножию цветы,

И Мирозданию глаза
Наполнит болью этот миг,
И скатится росой слеза,
Но не за мертвых —
               ЗА ЖИВЫХ!

# ИЗГОЙ

С устремленьем духовного смысла
Мирозданных бессмертных идей
Ухожу созидательной мыслью
Из страны вероломных людей.

Благородной вселенской судьбою
Попирая костлявость сердец,
Я измаянной верой святою
Свой срываю терновый венец.

Ухожу убедительно гордо,
Отрешением жизненных грез,
Полоща онемевшее горло
Полуночными ливнями слез.

Ухожу колокольным набатом
Под рыдания страждущих вдов,
Догоревшим тоскою закатом
Опираясь на плечи крестов.

Ухожу изможденной душою
От безмерно чужбинной земли,
Чтоб по мне панихиду весною
Прокричали навзрыд журавли.

Отпевая любовь соловьями,
Оставляю лихие года,
Где упряжка судьбы лагерями
Нас связала теперь навсегда...

Мне забыть бы дорогу сюда,
Где смятение дней окаянно
Пробуждает неистовость чувств...
Только сердце стучит неустанно:
«Я вернусь,
       я вернусь,
              я вернусь...»

# ЭМИГРАНТСКИЕ СТАНСЫ

Все в жутком прошлом,
               за фатальной гранью,
Где мирозданной далью голубой
Заласкана любовь божественной геранью
И похоронена в снегах неистовой судьбой.

Стенанье неприкаянной разлуки,
Которое прольет унылый свет
На тот момент, где старческие руки
В последний раз взмахнули обреченно вслед.

Проклятье Родины
               изгнаньем от порога,
Лихая неприемлемость чужбинных мест.
Безверьем в этот мир с надеждою на Бога
Несем мы на чужбине свой житейский крест.

Несчастливы на Родине,
               но разве счастливы в изгнаньи?
Здесь — свой среди чужих,
                       там — чужд среди своих.
Как это уложить немыслимо в сознаньи,
Чтоб вечность ожиданий спрессовать в единый миг?

Отверженно измаянной душою
Обратной нам дороги явно нет.
Уж не сольемся больше с жуткой темнотою,
Ведь из нее достаточно взирали мы на свет!

Нас породнило чувство отрешенья,
Объединила праведная нить.
Нет, здесь не требуют от родины прощенья,
Ведь ей давно готовы сами все простить!

Преображаю я безвыходность нагую,
Являя жизнерадостный рассвет,
Где лучезарной памятью по вечерам рисую
Картины улетевших, отбуявших счастьем лет.

Но я хотел бы тягостной печалью
Среди далекой сумрачной тиши
Соединить два разноликих полушарья
В единую планету Мировой Души,

И в этой яви призрачно глубокой
Несчастья позабыть, как пагубные сны...
Священно заветная вера любви одинокой
В грядущий приход безнадежно далекой Весны.

# СТАНСЫ

Тебе ли плакать, родина моя,
И жуткою, кощунственной идеей
Жалеть всех тех, кто в дальние края
Тобою изгнан и в мирах затерян?
Ты нас всех вероломно продала,
Окутав безрассудности цепями,
И не звони душой в колокола
Своими опустевшими церквями.
Мы из изгнания, где были столько лет,
Вернемся, пусть не сотни — единицы,
Чтоб снова встретить
                    пагубный рассвет,
Глядя в опустошенные глазницы.
Мы, позабыв просторы дальних мест,
Опять воспрянем с верой возрожденной,
Неся трагедии тяжелый крест,
На наши чувства злобой взгроможденный.
В лихого мира роковой узде
Мы чуда ждать немыслимо устали,
Целуя образ твой всегда, везде
Души разбитыми, кровящими устами.

## ВОЗВРАЩЕНИЕ НА РОДИНУ

Боже, как могло с моей
        Родиной жуткое статься?
Ты священно меня позови
К ней вернуться навек и остаться
Обреченьем духовной крови.

Предрешением пагубным злобный,
Все прошедшие годы подряд
Я метался в идейном ознобе,
Благородным стремленьем объят!

Ностальгически-мрачным потоком
В изложеньях сценических фраз
К равнодушно-тщеславным потомкам
Прорастала здесь память о нас.

Да, я верил в священное чудо
Обречением скорбной души…
Рассвело — значит, скоро прибуду
На забытый Всевышним отшиб.

В этот страждущий мир издалека
Я с измаянным сердцем примчусь
Неустанностью вечного рока,
Триединством нахлынувших чувств.

Милый край! Ты свободою дышишь,
Воспаряя мечтой на челе…

Видишь, Господи?
                    Господи, слышишь?
Я опять на родимой земле!

Только снова в душе моей пусто,
Ведь мы стали и ей не нужны,
Отпевая сыновнее чувство
Панихидой любовной вины.

Лишь печали коварная сила
Повторяет разбитой судьбой:
Как мы рано расстались, Россия,
Как мы свиделись поздно с тобой!

Хоть не выпало счастье свиданью
В эти жутко сумбурные дни,
Но внемли моему покаянью
И храни ее, Боже,
                храни!

## ВОЗВРАЩЕНИЕ ПОЛИТЗАКЛЮЧЕННЫХ

Родина, встретимся в злобной юдоли
Ненавистными взглядами яростных глаз.
Наливай-ка полней ужасающей боли
В покаянно тяжелый, торжественный сказ.

С хлебом-солью да на полотенце
Отвори безысходно закрытую дверь...
Возвратились сегодня твои отщепенцы,
Их отчаяньем горьким попотчуй теперь.

Проведи всех кошмарно опять лагерями,
Обнимая своей ледяною пургой,
И в побеге шальном, обстреляв егерями,
Улыбнись обреченно беззубой цингой.

Дай свободу запретного синего неба,
Чтобы Веры Господней больные глаза
Над осьмушкою горького черствого хлеба
Нарыдались бы досыта в жарких слезах.

Прояви вековое лихое коварство
Ненавистною яростью подлых невежд,
Ведь твоя воля — это извечное рабство
С миражами убитых судьбою надежд.

Пусть средь мокрых осиновых стынущих просек
Ныне ветры уныло о прошлом споют,
И у Бога прощенья ты слезно попросишь
За продажную злобную душу свою.

\* \* \*

Обреченно сейчас наболело
Все, что преобразилось уже, —
То, что злобно ничтожило тело,
Оставляя проклятья в душе.
О бесчинства шальная эпоха,
Отражавшая смех палачей,
Как являла ты яростью вдоха
Череду сатанинских ночей!
Как творила величием властно
Триумфальность наградных дождей,
Чтоб лукавили подлостью страстно
Обещанья тщеславных вождей.
Как являла этапы прогресса
Извращением гнусных речей,
Соразмерив поток Днепрогэса
С чугунами плавильных печей,
Чтоб болели проклятий занозы
И Свобода из мрачных темниц
Создавала миражные грезы
Поколеньем обманутых лиц.

# РУСИ

Помянув безрассудное прошлое,
Сохрани православную нить,
Засыпая безверье порошею,
Чтоб неистовость позабыть.

Пусть простят тебе все прегрешения,
Покаяние приняв сполна,
Осознавшая чувство лишения,
Нерадивая наша страна.

Пусть все те, кто всегда искушаются
Благодатной надеждой хмельной,
Вдохновенно теперь наслаждаются
Панихидою мировой.

Бесконечною болью проклятия
Ты глядишь с Левитана холста,
Где виднеются лики распятия
На Голгофе Иисуса Христа.

Неустанно молитв напряжение,
Но затеряны души во мгле,
Одолев навсегда притяжение
К многоликой всевластной земле,
Где природа, являя польщение,
В неприкаянном полусне
Оглашает свое прощение
Опороченной тишине.

# ПОКАЯНИЕ

Взгляни, злая Русь, чернотою очей
На фатально ушедшие лица,
Что в бездонных провалах ужасных ночей
Не устали тебе неприкаянно сниться.

Истрепало лихое безумие снов
Окаянно-кошмарным похмельем
После казней кровавых с горами голов,
Что прошли сатанинским весельем!

Не забыла ты зверски убитых имен,
Ведь немыслимо бредя в постели,
Видишь негодованием мрачных времен
Беснованье таежной метели.

Опостылела вовсе ночная пора,
Пролагая коварные тропы,
Где в неистово-праздничных
                          криках «Ура!»
Растворяются жуткие вопли.

Встанешь ты поутру — разум твой отрешен
Злодеяния жутким вопросом,
Но всесильным прозрением явит свой тон
Осмысления светлая осень.

Созиданья взойдет золотая заря,
Заживив человечью обиду,
И душа,
       неустанно молитвы вторя,
Отчитает навзрыд панихиду.

Закажи литургию в разбитых церквях
Покаяньем своим повсеместно
И моли, расшибая свой лоб в кровь и прах,
Чтобы зло твое
          вновь не воскресло!

## ИСПОВЕДЬ АФГАНЦА

Афган! Я вспоминаю будни,
Которые мне не забыть,
Ведь мы сегодня безрассудно
Стремимся прошлое изжить.
Когда за ветреной границей
Рубеж мерещился в лучах,
Мы шли железной вереницей
В твоих неласковых ночах.
Седые горы и равнины —
Божественная старина
Хранила древние былины,
В которых виделась война.
Я помню пыльные дороги
Судьбой солдатской, роковой,
И те уступные пороги,
Где принял я неравный бой.
Мы шли в селенье «караваном»,
Пройдя отрожный перевал,
Когда неистовым бураном
Пролился минометный шквал.
Душман разительною силой
Являл тактический маневр,
И замер «братскою могилой»
Вдали четвертый БТР.
Я в этой пагубной картине
Возненавидел злобный мир,
Увидев, как взлетел на мине
Наш легендарный командир,
И побежал за лейтенантом
Сквозь огнедышащую жуть,

Когда ему смертельной раной
Пронзило очередью грудь.
Как демоническая небыль,
Лилась свинцовая гроза,
И мрачно освещало небо
Остекленевшие глаза.
Он был еще совсем мальчишкой —
Сын забайкальского полка.
Страна, неласковая слишком, —
Встречай в «тюльпане»\* паренька!
А я стрелял по ярым «духам»,
Реальность подлую кляня,
Пока хватало силы духа
И защищала нас броня.
Но, слава Богу, пью чекушку
В своей родимой стороне
За то, что вовремя «вертушки»
На помощь поспешили мне.
Я вспоминаю всех убитых
В одном неистовом бою,
И как мы их в гробах закрытых
Везли на Родину свою,
Стенанья жуткие и крики,
Когда горели кишлаки,
Обезображенные лики,
Отравленные арыки.
Там жизнь —
        высокая награда
Для офицеров и солдат,
Где в страшной мясорубке ада —

---

\* «Черный тюльпан» — самолет АН-12 доставлявший из Афганистана гробы или груз 200.

Пропахший гноем медсанбат.
Мы пребывали с четкой целью
В той мусульманской стороне,
Что поражала из ущелий,
Упившись яростью вполне.
Для нас все было чуждо, глухо
В неистовую круговерть...
«Афгани»* — срезанное ухо
Кошмарной платою за смерть.
В тщеславном пагубном размахе
Велась идейная война,
Но нас держала в жутком страхе
Порабощенная страна.
Там каждый метр —
                 лихой могилой
С отмщенья яростной руки,
Где юные грозили силой,
Проклятиями — старики.
И долг мы свято выполняли,
Хоть что забыли там тогда,
За чьи идеи умирали
В свои рассветные года?
Ты зверски искалечил души
Стезею пагубной вины,
Ведь ныне никому не нужен
Герой «неведомой» войны.
Тебя, Афган, не обвиняю —
Не знали выбора в судьбе,
Но повсеместно проклинаю
Всех тех,
       кто нас послал к тебе!

---

\* Афга́ни (*пушту* и *дари* افغانی) — денежная единица Афганистана.

# ПАМЯТИ АФГАНИСТАНА

Мы были все вовлечены
Стезей подлога
В побоища лихой войны
Под видом долга.

Нас посылали в жуткий бой —
Безумье ада,
Где крыли землю мы собой
Джелалабада.

Кошмарным бременем судьбы
По воле рока
Летели на Союз гробы
С войны Востока.

Для матери, в чьем сердце жив
Сын, в донесении:
«Погиб, — докладывал комдив, —
При исполнении...»

А седина еще сильней
Виски сжигает,
Но мать ушедших сыновей
Все ожидает.

Что вы, вожди, не по уму,
Речей стыдитесь,
В глаза народу своему
Взглянуть боитесь?

Неужто нам была нужна
Стезей раздора
Необъяснимая война
С клеймом позора?

Неумолимая вина,
Хмельная братия,
Явила ваши ордена
Плевком проклятья.

Неоспоримые чины
Лихого часа —
От демонической войны,
Людского мяса.

Кто обреченностью испит
Воспоминанья —
Тот вам вовеки не простит
Свои страданья.

И никогда не заживет
На сердце рана,
Напоминая нам исход
Афганистана.

## ВОЗВРАЩЕНИЕ ИЗ НЕБЫТИЯ

Возвращаются! Все возвращаются!
Горе, поверьте, не забывается.
Духом счастливы, светлыми грезами,
Им досталось блаженство со звездами,
Где все души Всевышним венчаются...
                                      Чаются...
Мирозданьем прискорбно поруганы,
Воздвигают надежды-хоругви,
Где их чувства любовью питаются...
                                        Каются...
Претерпев подневольно лишения,
Мало их ныне на воскрешение,
А всех тех, кто не жаждал спасения, —
Поглотила волна безвремения.

...Больше не будет порывов отмщения,
Совестно только продажность забыть.
Дай же им, Господи, света прозрения,
Чтоб они все сумели простить!

# КОНЕЦ XX СТОЛЕТЬЯ

Конец двадцатого столетья
На мирозданном рубеже
Являет дьявольские плети
Благонамеренной душе.

Так обезглавливают честь,
Творящую духовным саном,
Возвысив яростную месть
Уничтожающим обманом.

Здесь проявляют злобный лад
И, распаляясь оголтело,
Являя жизненный разлад,
Фатальностью ничтожат тело.

Грехов неистовый базар
Все полоумней и насущней.
Непререкаемый азарт
Рулеткой алчности запущен.

Судьбы космический пролог
Укажет светлую дорогу
К пространствам,
        где всевластен Бог
Среди Вселенского Чертога.

Лишь интеллект — могучий штурман —
Меня спасал от всех сетей
Учителей октябрьских штурмов
И теоретиков смертей.

Он тот, кто в ненавистной злобе
Не свил кощунственных идей,
В духовной мирозданной пробе
Не стал рабом среди людей.

Неудержимостью своей
Век допущения превысил
Мельканьем сатанинских дней
И ангельской плеядой чисел.

Я в лучезарной вышине,
Где благонравственные мысли
Являют мирной тишине
Всесилье истинного смысла.

Здесь, пролистав двадцатый век,
Жизнь ищет в Библии ответы,
Куда стремится человек,
Обжив величие планеты.

Вселенским выбором судьбы
Решает участь Мирозданья,
Чтоб изменить все и дабы
Сберечь могущество Сознанья.

Слагая правовой контекст,
Потупив пламенные очи,
Являет перемену мест
От запятых до многоточий,

Чтобы ошибкой роковой,
Что намечают лихолетья,
Не стать финальною главой
В конце двадцатого столетья.

# ПОСТСКРИПТУМ

...Покинул коварные толпы людей,
Могильники истин, вселенских идей,
Кошмарную ярость бездонных ночей,
Разрушенный город лихих палачей,
Где Вера навек погасила свой свет,
Увидев его в мировой суете,
Что ревностно носится тысячи лет,
Но жизнь продолжается в светлой мечте,
Которую бликом далекой звезды
Сознанье хранит, как духовный рассвет.
Безмолвный гранит,
                   мирозданный скелет —
Кровавой истории пагубный след!

# ПУТЬ К ИСТИНЕ

*Верящим и любящим,
Постигающим и осознающим,
Ищущим и находящим!*

# НАПУТСТВИЕ

*Когда проникновенною душой*
*Стремишься к вечной истине горящей*
*И воспаряешь к Богу с праведной мольбой,*
*Святое откровение дарящей,*
*Когда с благословенною мечтой*
*Идеей созидаешь восходящей,*
*Взяв веру и надежду в спутники с собой, —*
*Лишь тогда жизнь постигнешь, творящий!*

# БЛАГОСЛОВЕНИЕ

Вдохнови меня, Господи,
                Духом Священным
На вселенского мира благие пути,
Чтобы я с озарением сокровенным
Смог свободной душою
                по жизни идти.

Чтоб по чистому белому хрупкому снегу
Да по мартовской невыносимой грязи.
Пусть сродни будет шествие быстрому бегу
Многогранных космических творческих сил.

Боже, снова сегодня лихое проклятье
Сумасбродит в коварной житейской игре.
Вспомни, как водружали безумно распятье
Иисуса Христа на Голгофской горе!

Как вбивали Ему гвозди в слабые руки
И цинично смеялись бездушьем в лицо,
Созерцая невыносимо кошмарные муки
Сворой остервеневших
                продажных глупцов.

Как орали с коварством истошно,
Не порвав свои черные глотки едва,
А теперь снова
            лестно, слащаво и ложно
Шепчут светлой молитвы святые слова!

Как печальны души неприкаянной стоны,
Что сродни раболепским
                        моральным цепям.
Грехотворцы усладно лобзают иконы
Покаяньем по старым соборам, церквям.

Видишь, Боже,
               как их неустанная служба
Отражает извечный библейский сюжет?
Вспоминают Тебя, когда это им нужно,
Проявив «благодати духовный рассвет».

Их натура коварной судьбой нечестива,
Выражая сполна сатанинскую новь!
Как немыслимо льстива она и фальшива —
Лицемерного мира «благая любовь»!

Не спеши проявлять
                   величайшую милость,
Всепрощеньем отверзнув святые уста, —
Зло намеренно в душах лихих затаилось,
Выжидая второго прихода Христа!

Но среди мирового шального смятенья,
Породившего дерзостно подлых людей,
Я стал, Боже, вселенскою сутью явленья
Сокровенных Твоих всеохватных идей.

Ты для чистого мыслью благого сознанья,
Что строфою вершит
                   жизнедейственный сказ,
Отвори запредельные двери Созданья,
Что веками запретно закрыты для нас.

Ты подумай над этим
                премудрым решеньем,
Подытожив деянием все Бытие,
Чтоб с великим духовным
                Твоим посвященьем
Обрело Мирозданье прозренье свое.

Пусть мне будет в грядущем святая награда,
Как венец плодотворным насущным делам,
То, что вскоре из этого жуткого ада
Я взойду непременно в Божественный Храм.

И благие мечты в неземной круговерти,
Открываясь Вселенским заветным словам,
Да проторят святую тропинку в Бессмертье —
К лучезарным, счастливым несметным мирам.

Будет жизненный путь мой
                в духовных веригах,
Но пытливым, усердным сознаньем своим
Я оставлю трудами для Вечности в книгах
Светлых истин негаснущих пламенный нимб.

И, душою внемля животворному ладу,
Я призывно кричу в бесконечный эфир:
«Вдохнови меня, Боже, на светлую Правду,
Что добром созидает космический мир!»

# ВЕТХИЙ ЗАВЕТ

## Грехопадение

### Гордыня сатаны

Я стану всемогущественней Бога,
Преобразив Вселенский ореол.
Великолепней Вечного Чертога
Поставлю Галактический Престол!

### Наказ Бога Адаму и Еве

Благословенно обживайте
Взаимодействующий мир,
Животворяще наполняйте
Благоухающий эфир.
Плодов познания не рвите,
Я это запрещаю, ведь
Тогда, когда вы их вкусите, —
Мгновенно обретете смерть.

### Искушение Евы

Чтобы в небесные чертоги
Священной мыслью унесло,
Вкусите — станете как боги,
Познавшие Добро и Зло.
Духовной явью созиданья,

Сакральной расстановкой сил
Вселенский смысл
           в плодах познанья
Творец премудро заложил.


**Вердикт Бога**

Стезею жизненного краха
Вас обуяла злая ложь?

*К Адаму:*

Я сотворил тебя из праха,
Куда в итоге ты уйдешь!

За то, что грешностью лихою
Нарушили святой запрет,
Ходить вам мрачною судьбою
До окончанья ваших лет.
Каких успехов ни добьетесь,
Прося прощения затем,
Уже вовеки не вернетесь
В благоухающий Эдем.
Адам, ты в жизненной юдоли
Трудом все будешь добывать,

*К Еве:*

А Ева, ты — в ужасной боли
Детей на белый свет рожать!

# КАИН

Братоубийцею иду
Я от родимого чертога,
В душевном горестном бреду,
Изгнанником святого Бога.

Потерею духовных сил
Мелькают мысли ошалело…
Родного брата я убил
За богорадостное дело.

Нелепо, в жизненном звене,
Судьба в лихих переплетеньях,
Что до смерти теперь во мне
И всех грядущих поколенья.

## ВЕТХОЗАВЕТНЫЙ СЮЖЕТ

И будет сознание Богом ведомо,
Где Лот убегает с семьей из Содома
За Ангелом Света, но мрачной украдкой,
За нажитым истерзавшись догадкой,
В мучительном определеньи своем
Жена оглянулась — и едкая жалость
Смятеньем в душе у нее пробежалась,
И то сожаленье, что в сердце осталось,
Навеки застыло соляным столбом.

## ФИНАЛ СОДОМА И ГОМОРРЫ

Божественное выраженье
Создало пагубный финал
Однополярному смеженью
Гомологических начал.

Благословенные морали
Сничтожили лихой уклад,
Чтобы неверные узнали,
Как проявлять греховный лад.

# ДОЧЕРИ ЛОТА

…От одного греха сбежали,
Но сразу впутались в другой.
Благословенные морали
Изгнались похотью лихой.

И стали жить они в пещере,
Вдали от бытия людей,
В благонамеренной манере,
Идеей праведной своей.
А Лота дочерям неймется
Скорее матерями стать,
Но в одиночестве придется
Им дни земные коротать.
И вот тогда они решили
Безмерно напоить отца,
Так как они ни с кем не жили —
Вершить греховностью лица.
Вином тягучим накачали
До помутнения его,
С ним переспали и зачали
Стезей желанья своего.

…Упоенья волна их накрыла,
Насыщая пороками всласть,
И одна откровенья излила,
Проявив всемогущую страсть.

Изнурительно застонала,
Истекая счастливой виной,
А затем все другой передала,
Чтоб не быть удрученно одной...

*Какое будет поколенье
Величьем жизненных идей
От родственных кровосмешений
По пьянке зачатых детей?*

*Нет в душах ничего святого,
Повсюду — грешная купель,
Когда, споив отца родного,
Дочь прыгает к нему в постель!*

*Рождены в похотливой нови
От упоительных затей,
Когда отец, родной по крови,
Стал дедом для своих детей!*

*Внемля неистовому бреду,
Жизнь грехотворству не претит:
Над праведностью взял победу
Непокорившийся инстинкт!*

# АВРААМ

Изменяются Вечности лица,
Благодатью наполнив года.
Если стану я детоубийцей,
Как же жить буду дальше тогда?

Повелел Бог: «Любимого сына
Ты в обитель мою отправляй,
Как покорного овна, невинно
Мне на жертвенник смертный предай».

Мимолетное счастье на горе
Поменяла житейская суть.
Я не стану противиться в споре,
Продолжая Божественный путь.

Доверяясь таинственным грезам,
Получил я священный Завет:
«Быть еврейскому роду, как звездам,
Излучающим благостный свет».

Ты — Творец, что Вселенную любит,
Побуждая духовностью жить!
Кто же сына родного погубит?
Кто же властен ребенка убить?

Душу всю смертоносная сила
Выжигает дыханьем огня,
И лихая реальность немила
Безысходностью жуткого дня.

Но растают сомнений химеры,
Ведь ступаю в иные края,
Где пребудет священная вера
И на все будет Воля Твоя!

# ПРИШЕЛЬЦЫ ИЗ ХАНААНА

…Скитаемся мы у ворот
В надежде полученья хлеба,
Ведь наш благословенный род
Не выживает пищей неба.
Стянулась каменно земля,
От голода мы умираем,
Иссякли жизненно поля,
Кричим, стенаем, умоляем:
Откройте поскорее нам,
Жрецы божественного лона!
В бессильи упадем к ногам
Величественного фараона.

*Иосиф:*
Благословением участья
Богатой жизненной среды
В Египте обретете счастье,
Ни в чем не чувствуя нужды.
Поля, где тучные стада,
Исполнены обильной пищи,
Входя с надеждою сюда,
Не будете вовеки нищи!

## МАТЬ МОИСЕЯ

Обезумела я в обреченьи.
Нет, ты здесь не погибнешь! Скорбя,
Быстроходным глубинным теченьем
Понесут воды Нила тебя.

Уплывай от беды поскорее,
Замыкая Божественный круг.
Крокодилы лихие добрее,
Чем толпа фараоновых слуг.

Век прошел, только легче не стало
Обреченных рабов бытие.
Разрываться от горя устало
Материнское сердце мое.

Ты прости, что фатальной ошибкой
Прозябаем в тяжелой судьбе,
Но быть может, Вселенской улыбкой
Счастье вдруг повернется к тебе.

Обессилела я, но под небом
Не умрешь ты, ведь свято любя,
Бог духовным живительным хлебом
Напитает в грядущем тебя.

Пусть струятся янтарные воды,
Колыбелью стекая туда,
Где Вселенские ясные своды
Озаряет Надежды Звезда.

Было ныне чудесным знаменьем
Лучезарной Господней мечты,
Что духовным благим провиденьем
Для народа появишься ты.

Созиданьем Вселенского света
Отражая Божественный сан,
Долгожданным Ковчегом Завета
Вознесешься к святым небесам.

Пусть тебя обнимает Природа,
Прогоняя душевный испуг.
Лучезарные мысли народа
Порождает Божественный Дух.

Чередою прискорбных событий
Разлучает неистовый час,
Только веры духовные нити
Единят в Мироздании нас.

Благодатью Вселенского Слога
Жизнь взрастет в первородном зерне.
Воплощеньем Единого Бога
Ты навеки пребудешь во мне.

Милый сын! Я тебя отпускаю
В бесприютных миров круговерть,
Где душа устремляется к Раю,
Став бессмертной, пройдя через смерть.

# ИСХОД МОИСЕЯ

*Моисей*

Я, Истине Господней внемля,
Многострадальный мой народ,
Хочу вести тебя на землю,
Где льются молоко и мед.
Там душами проникновенно
Возможно счастье ощутить
И будете вы вдохновенно
В гармонии священной жить.
Земля Божественного Света
Вселенною озарена,
Благословением Завета
Вся Аврааму отдана.

*Глас народа:*

Твердишь духовные морали
Величием святых идей!
Ты хочешь, чтобы мы бежали
Вслед за иллюзией твоей?
Здесь умирали наши предки
И дети наши рождены.
Зачем плоды Господней ветки
В пустыню следовать должны?
Прекрасна сладостная сказка
Про край, где мед и молоко,
Но возникает неувязка,
Что это слишком далеко.
Пока в Египте есть работа
И наша скудная еда,

К чему беспутная забота —
Брести неведомо куда,
Где сгинем среди
               светлых мифов
Благой иллюзии твоей,
Став пищей лакомой для грифов,
Шакалов, скорпионов, змей?
Хотим сейчас себе позволить
Вопрос о сути Естества:
Чьим именем пришел глаголить
Сии премудрые слова?

*Моисей:*
Мне образ Господа открылся
Святым заветом праотцов,
Когда Дух Истины излился,
Явив Вселенское Лицо.
Пришло спасительное время —
Уйти из гибельной страны,
Чтобы божественное семя
Не сгнило в мире старины.
Грехов заложниками стали,
Забыв духовные пути,
Но благодатные морали
Зовут прозренье обрести.
Пусть в убеждениях робеют
Многострадальные тела,
Но ваши души лицезреют
Нерукотворные дела.
С благонамеренным стремленьем
У Мирозданья на виду
Я вас Господним повеленьем
На эту землю поведу.

Жрецы всесилием морали
Лихих безнравственных основ
Всевластно веру убивали,
Вас обратив в своих рабов.
Не разгибаясь от поклона,
Терпя немыслимый позор,
Вы кланялись лицу Амона,
Боготворя красу Хатхор.
Вас на работу плетью гнали,
Как вьючных тягловых ослов.
Неужто истинно не вняли
Пророчеству священных слов?
Все, что душою лицезрели
И что судьба преподнесла,
Блаженством
    жизнетворной цели —
Творца Вселенские дела.

# БОГ — ЕВРЕЙСКОМУ НАРОДУ

Я вам вручу законы жизни
Благословением святым,
Чтобы величественным смыслом
Взрастали с Именем Моим.
Божественным духовным родом
Определенья своего
Вы явитесь благим народом,
Преобразившим Естество.
Священной силой созиданья
В судьбою выстраданный час
Пусть все народы Мирозданья
Меня узнают через вас.

# В ПУСТЫНЕ

*Ропот народа:*
Устали! Так сейчас обидно,
Что пустыри везде пока
И вдалеке нигде не видно
Обещанного молока!
Твой разум не в чести отныне,
Ведь из египетской тюрьмы
Ты нас сейчас привел в пустыню,
Чтоб умерли безвестно мы?
...Упадем мы к ногам фараона
И попросим прощенья. За хлеб
Будем в рабстве лихого закона
Прославлять грехотворный вертеп.

*Моисей:*
Вы жаждете уйти в Египет,
Где чужеродная стезя?
Безверье если не покинет,
От рабства излечить нельзя.
Но богорадостное дело
Преобразит ваш взор и слух,
Не будет обветшавшим тело,
Коль напитался волей дух.
В ком есть святая сила веры
И жизнедейственный оплот,
Тот примет свет Вселенской меры
И мудрость Бога обретет.

## СЛОВО ВСЕВЫШНЕГО

Стремленью праведному внемля,
Свершу все то, что обещал,
И отведу на эту землю,
Которую вам завещал.
Там уничтожите вы племя —
Грехотворящее старье,
Посеяв жизненное семя —
Благословенное, свое.
Преодолев духовный голод
Благоговением святым,
Построите великий город
С названьем — Иерусалим.
И превзойдет он мощь Египта,
Преображаясь в чудесах,
Миротворением повитый,
Отождествив Вселенский сан.
Воздвигнутый священным родом
В прекрасной жизненной дали,
Откроется Моим оплотом
Он для народов всей Земли.
Так говорю тебе по праву,
Давая жизненный ответ:
Пусть за Египтом будет слава,
А на Израиле — Завет.

## В пути

Мы идем под Вселенские своды,
Оставляя греховный вертеп,
Променяв жизнь рабов на свободу,
Как свободу меняли на хлеб.

## Раав

Благословением манеры
Высоконравственных основ
В евреях — благородство веры,
А в нас — обилие грехов.

## Сакральное

Резонансом Вселенского фона
Создавая фатальные виды,
Сокрушение Иерихона
Обусловили пирамиды.

## Эпилог

Когда с Божественным исходом
Пришла духовная гряда,
Кровь с молоком и мясо с медом
Смешались в жизни навсегда.

# ВАВИЛОНСКОЕ ПЛЕНЕНИЕ

Опять плененье! Ныне — Вавилон.
Кричим от горя, стонем, умоляем!
Попрали мы Божественный Закон
И неблагоразумье пожинаем.

Не верили пророческим словам,
Являя бесконечные раздоры!
За то, что изменили небесам,
Настала кара Навуходоносора.

С утра до ночи, битые плетьми,
Идем на непосильную работу —
С отцами, матерями и детьми
Являть о Вавилонии заботу.

Как исступленно горечь чувств
По душам обречением разлита.
В неволе мы познали воли вкус,
Отдав безумью тягостное мыто.

А где-то вечный Иерусалим
Лежит в руинах, псы там обитают,
Но свет пророчества встает над ним,
Что благородно веру воскрешает.

Лежат надежд разбитых черепки,
Где воцарилась мрачная разруха,
Не потому, что стены были некрепки,
А потому, что пала крепость духа.

У вавилонских мировых вершин
Мы осознали истиною меры,
Что величавый Храм Святой Души
Нам нужно укрепить всесильем Веры.

Надеемся на светоносный час,
Несущий нам грехов всех отпущенье,
Где сам Творец, взглянув с небес на нас,
Дарует счастье Своего прощенья.

# НОВЫЙ ЗАВЕТ

## Благовещение

Явился архангела истинный лик
С предвестием: «Радуйся, Дева!»,
Когда лучезарного Духа родник
Проник в животворное чрево.

Когда всемогущим твореньем дыша,
В своем вдохновенном величьи,
Вселенского Бога святая душа
Пришла в человечьем обличьи.

Возрадуйся, светоч надежды теперь
Счастливым блаженством эфира,
Ведь отворилась заветная дверь
Создателем ясного мира.

Явился венец благородным делам,
Где семя разумное сея,
По вере Господней прожил Авраам,
Законы пришли к Моисею.

Пылай всеохватным сияньем своим,
Что Духом Божественным данно,
Вселенский неподражаемый нимб
Над чистой водой Иордана!

Свершились пророчества мыслей благих,
Которые вещие, Боже,
И этот торжественно радостный миг
Богатств мирозданных дороже.

Наполнена вечной любовью святой,
Духовным насыщена хлебом,
Предвечного лика счастливой судьбой
Земля обнимается с Небом.

А Дух проявляется в светлых словах
Прекрасных вселенских известий,
И гимны рождаются на небесах
Среди лучезарных созвездий,

Где ясные ритмы божественных нот
Приветствуют мира спасенье
Священным Началом в житейский приход,
Бессмертьем в Твое Воскресенье!

# ВОЛХВЫ У ИРОДА

*Ирод:*

Но кто вы?

*Мельхиор:*

Волхвы посвященья Востока,
Что весть принесли о рожденьи Пророка
И с благословенным стремленьем своим
Пришли поскорее в Иерусалим,
Чтобы увидеть святого младенца,
Который народами должен воспеться,
Являя вселенские вещие силы,
Ведь он называется Божьим Мессией!

*Ирод:*

Не ввел ли вас разум сейчас в заблужденье?
Кто вам рассказал про святое рожденье?
Какие явились духовные силы?
Здесь только пророк — я, и я же — мессия!
Другого не будет — весь мир обойдете!
Идите, ищите, но если найдете,
Ко мне вы обязаны вновь возвратиться
И тайной великой сией поделиться,
Чтоб смог бы тогда я Ему поклониться...

*(про себя):*

И с ним вмиг покончить на яростной ноте!

# РОЖДЕСТВО

*(На мотив Б. Пастернака)*

Священной картиной
                     божественной были
Открыли духовные знанья века,
Явив Мирозданье. Торжественно плыли
По сонному небу в тиши облака,
Где проникновенных знамений рука
Звездою волхвам вещий путь указала.
Дорога в долине была нелегка,
Но едкая мгла, что фатальность являла,
Предчувствием трех мудрецов подгоняла,
Чтоб светлой загадкой окутать слегка
Сознание их перед хижиной дальней,
Где миротворенье скрывало пока
Вселенской благословенною тайной
Святое Дитя...
Полыхали зарницы,
В низине уже разжигали костры,
И люди спешили у входа толпиться,
Пропахшие дымом, душистой корицей,
Уставшие тягостным горем томиться,
В надежде скорее
                     Ему поклониться,
Хоть все они были духовно мудры,
Проникновенно вручая дары
Родителям, глядя на светлые лица,
Чтоб в удивлении затем удалиться...

Младенец лежал, лучезарностью ясен,
На мягких овчинах качавшихся ясел
В ажурных тесьмах из эфирного ситца,
И звезды свивали Ему ореол
Из благословенных космических волн,
Который челом светлым будет носиться…
(Но Истина жизни, увы, исказится,
Его не признают и, сделав шутом,
Наденут сценическую багряницу,
Но все это будет когда-то, потом…)
Наполнен дарами был праздничный стол,
Сверчками скрипели дверные петлицы,
Приветствуя радостно всех, кто вошел,
Чтобы созиданью душевно дивиться,
А люди блаженною шли вереницей
Из дальней округи,
                почти отовсюду,
Неся, кто что мог: угощенья, посуду,
Чтоб с тайною новой духовно сродниться
И стать навсегда
              сопричастными чуду…
Мир пару часов воспарял Новой Эрой
Великих благословенных идей,
Дыша полноправно Господнею верой,
*Но Прошлое, неугомонной манерой,*
*Еще берегло сумасбродность затей*
*И возле входящих бродило химерой.*
*Его изгоняли духовною силой,*
*Но только оно возвращалось опять*
*И брало бразды сатанизма спесиво,*
*Чтобы неутомимо сновать*
*По тайным углам и фатально остаться*
*Беспутными сонмами жизненных стансов*

В нелепости быта, как злая рутина,
Усердно цепляясь вновь, как паутина,
За сущность невыносимым балластом,
Себя наполняя притворным добром,
Являя миры грехотворным контрастом,
Чтоб вечно присутствовать здесь и притом
Сакрально в Грядущее вновь прорастать,
Но только не кануть в сырую могилу
Своею неоспоримою силой
Могучей дохристианской эпохи,
А бытность сценически обживать,
Любовь проявляя в коварном подвохе,
Великим тщеславием мрачных сознаний
Клеймя на Истории злую печать
Неутомимых порочных деяний…
Хоть было оно разукрашено гримом,
Но выглядело низменным пилигримом,
Преображая логический обрис
Лихим пониманием, пагубно-мнимым.
Оно созидалось, как тайный прообраз
Эпох, сохранив беснованье людей,
Души посвященье и судеб сплетенье,
Бродило в умах, призывая к свершенью,
Ища сумасбродное продолженье
Величием преображенных идей,
Меняя сейчас Мирозданье по праву
Коварством, всесилие явно губя,
Оно принимало пришедшие нравы,
В бокалы переливая отраву,
В надежде теперь отомстить за себя,
Верша повсеместно с коварностью злою,
Рычало шакалом, шипело змеею
На сладостных вакханальных пирах,

*Вселяя в людей демонический страх,
Бытуя елейно в премудрых словах,
Пройдя созиданием через границу
Добра, проникая в святую светлицу,
Где преобладала благая пора,
Чтоб хитроумно в народе раскрыться
Преображеньем Лихого Вчера.
Оно было цепко, как тутовый кокон,
Сакрально познав мирозданную суть,
Усердно вплетаясь Грядущему в локон,
Чтоб тайно проторивать Шелковый путь,
Преображаясь на высшем порядке,
Премудро играя с реальностью в прятки,
Стирая коварных деяний черты,
Подлогом бродя по углам темноты,
Себя истязая, осталось в объеме
Страниц в Ветхозаветном*

                                                *Евангельском томе,*

*Кощунственным множеством яростных свор
Изобличая греховный позор,
Являя Судьбой изощренный узор
Сценических действий логическим строем,
Усердно уверовав в этот отбор
И переплетая словесный набор,
Навечно сживалось с духовным устоем,
Меняя сюжетные линии, лица
Азами коварных всесильных канонов,
Приоритетом вселенских искомых
Поспешно разрушив порочные грани
И приобретая теперь очертанья
Надежд,*
     *чтобы с веком сродниться,
Себя осеняя благими перстами,*

*Меняя языческий светлый убор
На черный наряд с золотыми крестами.
Но только его выдавали уста,
В которых лихая жила клевета,
Что произрастала кощунством идей.
Его узнавали в движеньях бровей
И колющих взорах несущихся дней.
Но было оно безгранично сильнее,
Чем думали все,*
          *ведь из мудрых томов
И многих благословенных умов
Оно состояло, всевластьем владея,
Усердно ждало своего апогея,
Стекая по жизненным хрупким сосудам,
Стезю обреченья являя повсюду,
Порочною сущностью мрачно немея
Пред новым устоем, как львом из Немеи.
Оно воцарялось Мардуком и Геей,
Творя созиданьем грядущее смело,
И, страстно поверив насущному чуду,
Уже подготовило злого Иуду,
Глаголя всесильем пророческих слов
От всех изначальных азов Мирозданья
Благого Эдема.*
          *Вселенским созданьем
Оно прорастало в иллюзиях снов
Величием мудрых духовных основ
Человека, объятьем тщеславных оков
Из адских костров и лавровых венков,
Являя безмерно лихие кошмары,
И любострастьем кощунственной кары,
Уверовав в непревзойденные чары
Ушедших благословенных веков,*

Всевластно гуляло в стенах Колизея,
Необычайным предчувствием млея,
Неслышно, обыграно, неутомимо
Полночно бродило задворками Рима
Лихим порождением страшной волчицы,
И яростным взглядом шального Денницы
Взирало на злобного мира кошмары,
Терпя от судьбы роковые удары
Среди вакханалий и едкого дыма
Алтарных огней. Были рады все гостю,
Теперь в сумасбродстве неистовых дней
Кричали трибуны неумолимо,
И сам император бросал ему кости,
А после, пуская вдогонку коней,
Хотел растоптать, упиваясь до смерти
Вином, хохоча в круговерти
Сценических драм ненасытною мерой
Своих сатанинских коварных идей,
И светлые чувства брели на покой
Священной, благословенною верой,
А рок назидал им тщеславной манерой.
Оно пробегало неистовым мимом
В палатах Афин, мировым пилигримом
Среди Вавилона стояло незримо
И добиралось до Иерусалима
Великою силою дерзких имен,
Проклятием эры со сменой знамен,
Агонией жутко безумного века,
Услышав ликующий, яростный тон
Порочных стремлений в душе человека,
И снова бродило тщеславным титаном
По сеням Египта,
              где светлою тайной

*Веками рождались могучие чары,*
*И знало, меняя идей миражи,*
*Переходя роковые межи,*
*Как молодое становится старым,*
*А правду ничтожат предлогами лжи,*
*Меняя законы Божественной кармы*
*Миротвореньем по имени Жизнь.*
*В подделках прослыло благим каллиграфом,*
*Но, выражая воинственный вид,*
*Оно бесновалось лихим Голиафом,*
*В которого пращу направил Давид.*
*Оно изощрялось сейчас в нетерпеньи,*
*Врезаясь, как Каина точеный нож,*
*В заветную жизнь полосой безвременья,*
*Живя неуемною силой стремленья*
*Немыслимо жадных и дерзких вельмож,*
*Рождая безумие в страстном мгновеньи*
*Эпохи всевластием правящих лож.*
*Преображая коварную ложь,*
*Оно, как забытое Сущностью семя,*
*Мечтой прорастало в эпохе сией,*
*И было нелепо, что старое время*
*Грехом поплывет на Ковчеге со всеми,*
*Спасаясь от бедствий, иль, как Моисей,*
*Поведет свой народ в судьбоносные дали*
*Искать жизни новой, увидев весь свет,*
*Услышав безверья неистовый ропот,*
*Но зная,*
      *что Истина, Мудрость и Опыт —*
*Вселенским движением праведных лет,*
*Ведя всех благословенной манерой*
*На землю святую Господнею верой,*
*Увидев порочность кощунственных мет*

*В душе человечьей, что станет едва ли
Духовней, но примет священный Завет
Синайских скрижалей, чтоб чище все стали...
Оно бесновалось душою Антея,
Имея всевластный логический вес,
Ведь силу ему придавала вновь Гея
И мудростью знаний глаголил Гермес,
Хоть быстро его оторвал Геркулес
От изначалья, где злые законы
Произрастали кощунством мамоны,
Являя неоспоримые сцены:
Кровавые битвы, лихие арены.
Оно проживало судьбой Мельпомены,
С презреньем взирая на все перемены,
Измаяв неутомимые нервы,
Усладно бесилось всесильем Минервы,
Умом ожидая Вселенского часа,
Страстями Венеры, коварностью Марса
Отождествляя фатальные виды.
Лихим порождением злобной Эриды
Вникая пристрастно в извечные споры,
Воздействуя мудростью на Мирозданье,
Оно проявлялось всевластьем раздора,
Делящим духовную суть Созиданья.
Являясь всепобеждающей силой,
Оно пировало надменным Ахиллом,
Лелея заветно святую мечту,
Хоть Парис ему изувечил пяту.
Всесилием изощренных законов,
Как злая змея, оплело Лаокоона,
Желая коварно греховность подстроить
Дарами данайцев под стенами Трои.
Оно проявляется сонмами лет,*

*Увидев, как Тайна становится явной,*
*Премудро спускаясь в прочтенный абзац,*
*Где вновь обретая смысл темы заглавной,*
*Преображает духовный форзац*
*Сакральным апокрифом в новом порядке*
*И росчерком благословенных комет*
*В насущной миротворящей загадке*
*Меняется истины пламенный свет.*
*Духовного ритма святая граница*
*Проявится сонмом вселенских идей.*
*Событье закончится,*
      *смысл будет длиться*
*Могуществом слова в сознаньях людей.*
*Что вовсе немыслимо —*
    *будет возможным,*
*Определяя житейский черед,*
*Поняв, как великое станет ничтожным*
*И не получится наоборот.*
*Являя коварною мессой в эфире*
*Греховно неистовый ритуал,*
*Открыв созиданью духовный портал,*
*Меняя обличия в пагубном мире,*
*Среди колоннад и позорных столбов*
*Превознося всех премудрых столпов,*
*Безмерною местью наполнило новь.*
*Всему на земле очередность присуща:*
*Что было бессмысленным —*
     *станет насущным.*
*Созданье является в превосходстве.*
*Что было красивым —*
      *погрязнет в уродстве,*
*Ведь время — не раб, а судья — не пророк.*
*Всему в Мирозданьи приходит свой срок.*

*...Надменно стояло в священной порфире
И сотворяло величьем кумира
В многообразьи святого эфира
Стремление грехотворящего мира.
Всевластьем самодовольного Пирра
Ему пела Муза и звонкая Лира.
Оно проявлялось могуществом драхмы,
Благословеньем священного Брахмы
И метаморфозой софокловой драмы,
Явившей сюжетность для «Пиковой дамы»
И трагикомедий Вильяма Шекспира.
Сакрально входя в подсознание Данте,
Оно было злобно-неистовым мавром,
Живя демоническим Минотавром
И обольщая божественным лавром,
Играло заманчиво всем на литаврах,
Порабощая могучим кентавром,
Смеялось великолепием славы
И, корча неимоверные рожи,
Грехами манило на жуткое ложе,
Всесилием неутомимого рока,
Весами Фемиды с мечами Дамокла
Историю всепониманием множа,
Коварному гласу немыслимо внемля,
Являлось сейчас демонически смело,
Как жизненный корень, закопанный в землю,
Проворно врезалось в могучее тело,
Струясь по ветвям Мирозданья незримо,
Из лестных тирад в демоническом свете
Служило опорой для новых столетий,
Меняя деяния в яростных лицах
Среди Вавилона, Египта и Рима.
А сонмы неугомонных амбиций,*

Являя порочное мрачное племя,
Давали ему в обновленное время
Кошмарную силу «святых» инквизиций.
Взирало на мир искоса, исподлобья,
Готовя судьбе роковое надгробье.
Ведь было оно неизменно могучим
И ревностно жаждало участи лучшей,
Чтобы утвердиться в неистовой мере,
Хоть мысли тщеславные в нем оскудели,
Но жило оно величайшею целью,
Готовя свои греховодные цепи,
Надеясь на пагубно каверзный случай,
Являя ожесточенные сцены,
Где сам Пифагор растерялся в догадке,
Взирая на логику данной загадки,
С Лукрецием тщетно ища в этой кладке
Миротворенье Вселенских основ,
Ведь Зодчий сумел нивелировать грани,
Построив духовное основанье,
Он животворною сутью призванья
Заветно лелеял благое созданье,
Величьем иллюзий святого сознанья
Пытаясь раскрыться в плеядах веков.
Оно сохраняло воинственность лет,
Когда лучезарным стремленьем комет
Душой уносилось в Божественный ярус,
Всевластием мирозданным спрягаясь,
Деянием изощренным являясь.
Смеялось Калигулой амбициозно,
А где-то вдали, за околицей звездной,
Ему отзывался неистово Грозный,
Творил алгоритмы размеренный Янус.
Греховное время еще повторится,

*Когда Клеопатра, как злая тигрица,*
*Наполнив алтарные чаши, с повинной,*
*Увидит, как мистикой неоспоримой*
*Являя хитропремудрую мысль,*
*Ей улыбается новая жизнь*
*Всевластно развратною Екатериной.*
*Преобразятся идейные грани,*
*Где Рим потеряет лихое влиянье,*
*Изменятся явно вселенские списки,*
*Что было далеким —*
                    *окажется близким,*
*Как лабиринт искривленных зеркал*
*Укажет миров запредельные виды —*
*Великое таинство, кое искал*
*В кулуарах египетской пирамиды.*
*Сакральным видением ясной Изиды*
*Придет непременно благая пора,*
*Где Цезарь появится в роли Петра,*
*И будет Нерон полоумный, а после*
*Правленье продолжит*
                    *коварный Иосиф.*
*Исходом Божественной Гипербореи*
*Вдруг арии возненавидят евреев,*
*Но жили еще в Мирозданьи перуны*
*И складывались скандинавами руны.*
*Оно плыло черными водами Стикса*
*И слыло загадками мудрого Сфинкса,*
*Играли в нем неблагозвучные струны*
*Всесильным непререкаемым саном.*
*Оно было жутким Левиафаном,*
*Вплетаясь греховною тонкою нитью*
*В благословенного мира развитье,*
*Чтоб отразиться немыслимым злом,*

*Являясь Гордиевым крепким узлом.*
*Оно будет жить в мемуарах порочных,*
*Наполнив грехом Мирозданье полночно.*
*Оно созерцало лихие улыбки,*
*Падения, взлеты, коварные беды,*
*Увидев порочного лика ошибки,*
*Познав поражения и победы,*
*Взрастая зерном в добродетельной пашне,*
*Но с крепостью доисторической башни*
*Являя неугомонные споры,*
*Познав пик триумфа стезею позора*
*Со времени Навуходоносора,*
*Оно ощущало лихую опору,*
*Вползая коварно в духовные поры*
*Своею неблаговидною сворой.*
*Оно сохранится в премудрых гаданьях*
*Жрецов, их обрядах, сакральных преданьях,*
*И будет теплиться в легендах и мифах*
*Этрусков, халдеев, сарматов и скифов.*
*Всему есть прощенье*
*Вселенской Души, ведь даров приношенье,*
*И ясных зарниц лучезарное пенье,*
*И старых премудрых волхвов разговор,*
*И таинство ночи, и яркий костер, —*
*Все это соткалось в изящный узор*
*Блаженным мотивом святого Рожденья.*
*А пламя от ветра сильнее взвивалось,*
*И Бог Млечный Путь в небесах распылил,*
*И до утра три часа оставалось,*
*Но кто-то в округе незримо ходил*
*И тайным свидетелем действия был,*
*Хоть явно присутствие то ощущалось.*
*Загадкою было его появленье,*

И всех привлекало святое знаменье
Вселенских благословенных светил,
А люди спешили сюда в нетерпеньи,
Потратив немало отчаянных сил,
Услышав архангелов светлое пенье
В эпический миг, что Творец подарил.
Вселенская Жизнь проявляла свой тон,
А ночь расширяла лихие границы
Безмерного страха, взирая на то,
Как Ирод уже запрягал колесницу,
Чтоб мчаться в безумьи сюда и потом
Смертями людскими сполна насладиться,
Являя усердие мрачным вредом
Тому, кто стал чудом Господним ведом,
Всевластно задумав на царство польститься.
Но Бог даровал крепкий сон Вифлеему,
Дремали младенцы, согреты теплом
Матерей, продолжая людскую поэму,
Тревожно витая над сумрачным злом
В душевном предчувствии, явно лихом,
Мечтой воспаряя в просторное небо.
И было в эфире светло и спокойно,
Вершила любовь... Бесконечные войны
Еще не тревожили этих детей,
Хоть злобная сила коварных затей
Уже подбиралась сюда своевольно
Чредою пиров на позоре побед,
Где горе людское — скоплением бед,
Сводом яростных дней
                и бесовских огней...
Творила судьба, и на жизненном фоне
Блаженство сияло мечтою своей,
Но кто-то фатально предчувствовал смерть,

По-детски, невинно, вселенской душою, —
Ту смерть, что смеялась, махая косою,
Зовя неустанно сейчас за собою
В далеких священных миров круговерть.
Усладно манила в надзвездную небыль,
Чтоб Богу прибавилось ангелов в небе.
И лишь сатана с принесенною вестью
Уже наслаждался тщеславною местью
Своих пресловутых безумных идей,
Которые губят духовных людей
Коварной и беспощадною мессой.
Звучало в эфире Божественным ладом,
Смотрела Луна всеобъемлющим взглядом,
Как Зло обходило окраинный дом,
Взывая по-волчьи, боясь вереницы
Господних светил, но, расширив границы,
Оно продолжало коварно беситься.
Веками неумолимою мздою
Всесилие мести носило с собою
И страсти миров берегло на потом,
Когда ему выпадет жуткое время,
Чтоб сумрачным горем, как жестким кнутом,
Погнать на распятье коварным вредом
Того, кто стал Истиной Божьей ведом,
Венчая терновником светлое темя,
А битое тело —
                тяжелым крестом.
Но было уютно и трепетно там,
Где выпало Чуду святому родиться,
А ночь, лунный свет разбросав по углам,
Устало сомкнула Иисусу ресницы
Виденьями сна в благодати мечты,
Где лился космический нимб чистоты

От Бога-Отца
               на родителей лица,
Ведь миротворенье Вселенской четы
Священною явью должно воплотиться.
Блаженным величием светлых идей
Летела планета средь звездных огней,
Душевно кружа по орбите младенца,
Который народами должен воспеться,
А ставни Вселенной распахнуты были
И грезы бродили среди красоты,
Где жизненных далей виднелись черты
В потоках миражно-блистательной пыли.
И замерло все Мироздание немо,
Лишь слушая Истины вещей слова,
Мечтой озаряя
               Христа и волхва,
Всесильем Божественного торжества
В звенящей тиши, словно в древнем Эдеме,
В окутанном грезами Вифлееме,
В своей галактической диадеме
Блаженно сияла
               Звезда Рождества.

\* \* \*

Радуйтесь, люди, Мессия родился
И ангел его стережет,
Ирод с младенцами погорячился,
Ведь Спасителя Бог бережет.

\* \* \*

Сбылось пророчество Исайи,
Когда от Духа, от Святого,
Родился светлыми часами
Носитель Истинного Слова.

\* \* \*

Лазурно сияя, зажегся над Ним
Азами предвечной основы
Священного Духа космический нимб,
Зачатый Божественным Словом.

# МИМОЛЕТНАЯ ВСТРЕЧА

Среди бушующей толпы,
Базарной ругани и крика
Благоволением судьбы
Два юных повстречались лика.
Их взоры на какой-то миг
Столкнулись в суетливом мире,
Стезей реалий вековых
Оставив таинство в эфире.
Священный чувственный поток
Промчался светлыми сердцами,
Где молниеносно вещий рок
Явился разными венцами.
Вселенским предисловьем жизнь
Определила встречу эту
И, проявив духовный смысл,
Быстрее понесла планету.
В мгновение среди людей
Они исчезли скоротечно,
Чтобы реальностью своей
Остаться в памяти навечно.

…На лоне мирозданных грез
 Суетной жизни человечьей
На миг столкнулись в беглой встрече
Иуда и Иисус Христос.

## Слово Иоанна Крестителя

Благословенною судьбою
Дух Божий — верою в груди.
Идет сегодня тот за мною,
Кто завтра будет впереди!

## Крещение

Крещеньем ясным, в светлое число,
Благословением сокровенным,
Бог на Сыновнее чело
Укажет Голубем священным.

# ПУТЬ МЕССИИ

Он шел, преображая время,
Миры божественно вершить,
Превозмогая злое бремя
Благочестивостью души.
И все, кто на пути встречались,
К благоговенью своему,
Так добродушно улыбались
И низко кланялись Ему.
Он шел, уничтожая горе
Величием насущных сил,
Его удерживало море,
Когда Он по нему ходил.
Чудесно воскресал умерший
И верой прозревал слепец,
Лишь прикасался к ним неспешно
Его Божественный венец.
Он знал:
        не хлебом лишь единым
Живет духовный человек,
Миротворящим исполином
Благословляя злобный век.
Всесильем праведной основы
Богообразья своего,
Он был животворящим Словом,
Преображавшим Естество.
Как посвящение в пустыне
И насыщение толпы,
Осуществлялись мировые
Деяния в руках судьбы.
Была всегда открыта дверца

В Его космический тайник,
Где ярко излучало сердце
Высоконравственный родник.
Надеждой, верой и любовью
Являл Он животворный слог,
Но эра, что кипела кровью,
Слагала жуткий эпилог.
Господней силою святою
Среди своих учеников
Творил Божественной Душою
С пророчествами ясных слов.
Явив неласковому свету
Непогрешимый идеал,
Он счастьем наполнял планету,
Миры людские обновлял.
И бесновались фарисеи,
Предчувствуя Его исход,
Но добродетелью своею
Он пожинал духовный плод.
Он жил благообразным ликом,
Нося Божественный венец
С ученьем истинно великим
В священных чаяньях сердец.
А мир вершился в хитрой связке
Преображенья своего,
Храня до роковой развязки
Святое
      Таинство
            Его.

# ИСКУШЕНИЕ В ПУСТЫНЕ

Сатаной уверяла лихая судьба,
Пролагая греховные тропы:
«Эти камни, Христос,
                преврати во хлеба,
Чтоб насытить голодные толпы!

Дармового всем корма немерено дай,
Ублажив человечьи желанья,
И пойдут за Тобою хоть в ад или в Рай,
Иль за самый предел Мирозданья».

Но Христос отвечал:
                «Суть ли мира в хлебах,
Коль явилась стезя вдохновенья?
Плоть без духа — всего лишь
                безжизненный прах
Многоликой картины Творенья.

Знаешь ведь, сатана, что не хлебом одним
Человек возрастет в Мирозданьи,
Если все созидается Словом святым,
Пребывающем в Божьем Сознаньи!»

Говорил сатана:
                «Сбросся с Храма скорей!
Не убьешься, останешься целым,
И поверят в тебя много глупых людей,
Называя священною целью.

Ты для них станешь Богом, и тысячи благ
Посулив величавостью сана,
Как духовно могучий, мистический маг,
Вознесешься тщеславьем обмана».

Но Христос отвечал:
     «Есть ли смысл в волшебстве
И уместно ль такое деянье,
Если речи идут обо всем Естестве,
Выражающем явь созиданья?

В искушеньи ли Господа тайная суть
Возвышением мнимо великим,
Если Он начертал мне
     спасительный путь
Лучезарным Божественным Ликом?»

И повел он Христа на святую гору
Для обзора всего Мирозданья,
Где, как ревностный князь, всемогущий гуру,
Продолжал говорить назиданья.

Сатана обещал:
   «Власть безмерную дам,
Наречешься Правителем Мира,
Упади только ниц,
    припадая к ногам, —
И восстанешь всесильем кумира».

Но Христос отвечал:
 «Безрассудная жизнь —
Почитание праха земного.

Воплотился я здесь, чтобы Богу служить
Благодатью священного Слова».

И сказал сатана:
     «Мирозданная суть
Подчиняется силе проклятья.
Ты, отвергнув меня, предрешил тяжкий путь
К жуткой смерти в мученьях распятья».

Но ответил Христос:
       «Благородством идей
Я пришел во спасение мира,
Чтобы жертвой беспрекословной своей
Искупить грех порочного пира!»

\* \* \*

Покинув жизненный вертеп
Греховного пути земного,
Вкушайте благодатный хлеб —
Мое Божественное Слово.

## СЮЖЕТ...

В премудрой жизненной тоске
Своей божественной натуры
Христос на глиняном песке
Чертил сакральные фигуры.
А из сценической дали,
Скривив неистовые лица,
На растерзание вели
Толпою книжники блудницу.
Ее был обреченный вид:
Избитая, полунагая.
Законам нравственным претит
Ее повадка бесовская.
Истцы Учителя спросить
Решили любопытно сами:
«Её нам, Равви, отпустить
Иль насмерть забросать камнями?»

*Иисус:*
Всему грядет Вселенский час
Благословенными веками,
Но тот, в ком нет греха из вас, —
Пусть первый бросит в нее камень!

## ХРИСТОС — САМАРЯНКЕ

Налей мне воду ты простую,
Которая питает плоть,
А я тебе взамен — живую,
Которую дает Господь.

Всесильем истинного слога
Являя мирозданный смысл,
Во мне святая сущность Бога,
Отождествляющая Жизнь.

# ИИСУС И МАГДАЛИНА

*Магдалина:*

Мужи ко мне ночами шли
И любострастно ублажали,
А утром, как уж не юли, —
Стыдливо низменно бежали.
И с потаенностью лихою
Среди неласкового дня
Своей порочною душою
Так сторонились все меня.
Вот так же и к тебе, Иисус,
Идут ночами за советом,
А после, полнотою чувств,
Вмиг растворяются с рассветом.

*Иисус:*

В священном Истинном Оплоте
Непререкаемостью смысла
К тебе спешат за смертью плоти,
Ко Мне идут за Духом Жизни!
Внемли премудрому ответу
Грехопаденью твоему:
Ко Мне идут из тьмы — ко Свету,
К тебе бредут от Света — в тьму!

# НАГОРНАЯ ПРОПОВЕДЬ

Пропащий — верой исцелится,
Посеявший — свое пожнет,
Стучащему — да отворится,
Духовно ищущий — найдет!

Среди неистовых пороков
И демонических натур
Остерегайтесь лжепророков —
Волков в мехах овечьих шкур.

Житейские пути коротки,
Но основательно добры.
Как голуби, вы станьте кротки,
Как змеи, будьте вы мудры.

Идя благословенным слогом
Миротворящею стезей,
Не лицемерьте перед Богом
Своей молитвой показной.

Кругом бесчисленное племя
Людей неистово лихих.
Придет Божественное время,
И по плодам узнают их.

Земных богатств не собирайте,
Они — неоспоримый прах,
Благословенно обретайте
Сокровища на небесах.

Гордынею не возноситесь,
Внемля пророческим словам,
К другим душевно относитесь,
Как пожелали, чтобы к вам...

Кто, сущность укоряя цепко,
Душою буйствует сполна,
В чужом глазу увидев щепку,
В своем — не ощутит бревна.

Всяк благодарностью увенчан,
Не пребывая в жутком зле.
Тот дом по праву долговечен,
Что был воздвигнут на скале.

Через святой духовный мизер
Являя разума приют,
Пред свиньями не сыпьте бисер —
Они вас вовсе не поймут.

Благословенною манерой,
Согласно праведным делам,
Какою меряете мерой —
Такой же и отмерят вам.

От нарекания лихого
Определенно быть беде.
Когда вы судите другого,
То сами будете в суде.

Любовь противоречит страху
К благоговенью своему.
Кто хочет снять с тебя рубаху —
Отдай одежду всю ему.

Благочестивость обретайте
Среди Божественных стихий,
Игривых вин не наливайте
Вовеки в старые мехи.

Миротворящими руками
Являя жертвенность свою,
Кто вместо хлеба вручит камень,
А вместо рыбы даст змею?

Свет примирение подарит
По милосердью твоему:
По левой кто щеке ударит —
Подставьте правую ему.

Быть сдержанными научитесь
Миротворением основ
К друзьям радушно относитесь,
Любите и своих врагов.

Проникновенными умами
Стремясь в грядущее смотреть,
Входите тесными вратами,
Широкие ведут во смерть.

Жить добродетельно стремитесь
Благословенною стезей,
Ничем вовеки не клянитесь —
Ни небесами, ни землей.

Не разглагольствуйте жестоко,
Душевней будьте с тем, кто груб,
Уж нет времен — «за око — око»,
Ушел закон, где «зуб — за зуб».

# ИИСУС — ФАРИСЕЯМ

Душой погрязли в святотатстве
В судьбою обреченный час.
Последняя блудница в Царстве
Оправданнее будет вас.

Вы сущностью — гробы закрыты,
Где все различия видны:
Снаружи золотом покрыты,
Внутри — трухлявостью полны.

Живете страстью оголтело,
Величьем пагубных идей.
Блудницы растлевают тело,
Вы — души страждущих людей.

# ТАЙНАЯ ВЕЧЕРЯ

Был звездный вечер, и вокруг раздольно
Разлился свет космических пространств,
Но вдруг Иисус поднялся,
                     огласив невольно:
«Один из вас теперь меня предаст».

Все молча замерли в недоуменьи,
От удивленья даже Петр привстал,
Но осадил его Христос и в откровеньи
Свою тираду дальше продолжал:

«Когда бы мир явился силой чуда,
Преображая грешный облик свой,
Пришло бы благоденствие. Иуда,
Известен мне твой замысел лихой!

Ведь ты — мой друг, которому я верю,
В бессмертие указывая путь,
Но разные нам отворились двери,
Дающие осмысленную суть.

Для мира я — Божественное семя,
Пришедшее духовностью служить,
Но наступило дьявольское время,
Зовущее безумием вершить.

Бесись неугомонностью шальною,
Которая бессмысленно пуста,
Но лишь прошу:
          будь искренним со мною,
Поцеловав предательски в уста!»

## ИИСУС — УЧЕНИКАМ

Всесильем Жизненного Света,
Как завещал святой Господь, —
Пейте мою кровь — вино Нового Завета,
Вкушайте духовный хлеб — мою святую плоть!

## НЕГОДОВАНИЕ ФАРИСЕЕВ

Как можно бесконечно слушать,
Внемля пророческим словам,
Что властны мы сейчас разрушить,
А Он в три дня отстроит Храм?!

# ИУДА

Снимая лучезарную вуаль,
Звезда, сорвавшись, окунулась в жар рассвета,
И, осмотрев космическую даль,
Вдруг взбудоражилась предчувствием планета.

О Боже, вероломством на челе,
Всесилием грехотворящей жажды
Блеснули негодяйски на Земле
Серебряники глаз его продажных!

А злые люди, что сознанием слепы
И обуянныы яростью несносно,
Уж разжигают полоумный гнев толпы,
Неистовствуя стоголосно.

*Каиафа:*

Иуда, что же ты поник
В преддверьи дела,
И острословный твой язык
Твердит несмело?
Исполни дерзкую мечту,
Законы зная,
Чтоб пригвоздили мы к кресту
Вмиг негодяя!
Не добродетелей, пойми,
Придется слушать.
Мы будем управлять людьми,
Пленяя души.
На Истинного Мудреца
И лжесвятого

Пусть смотрят, как на наглеца,
Пока живого.
Пусть говорит:
        «Я — Божий Сын»,
Нас попирая,
И что он обуял один
Обитель Рая,
Что Он — Божественная суть
Вселенской мысли,
Являющий священный путь
Духовной жизни.
Заканчивая верой жить
Христова сана,
Обязан нам разоблачить
Стезю обмана,
Чтобы в извечной маете
Жил люд еврейский
И возвышался на кресте
Царь Иудейский,
Чтобы неистовая страсть
Являлась в мире —
Пусть обретут благую власть
В своем кумире.
Увидев животворный Свет
Святого Слова,
Пусть избегают много лет
Греха земного!
Ты нам его скорей предай
Лихим дерзаньем
И знак кощунственный подай
Своим лобзаньем.
Иуда, поскорей спеши
Излиться в мести

За смехотворные гроши
Продажной чести.
Тебя уже коварно ждут,
Развесив уши,
Чего же ты доселе тут?
Смущай их души!

О Господи!
              Ну что же Ты молчишь,
Ведь горе скоро грянет непременно!
Неужто вновь возвышенно простишь
Безумье, воспылавшее мгновенно?

Опять не остановишь сумасброд
И станешь думать, страждуще взирая,
На то, как разозлившийся народ
Беситься будет, правду попирая?

Они являют кровожадный вкус,
Дурманящий коварное сознанье.
Выискивая, где же Иисус,
Чтобы творить лихие злодеянья.

Но безупречно прав Ты, Боже, каждый раз
Своею благонравственностью мысли,
Чтоб наступил для них священный час,
Несущий торжество бессмертных истин.

## СЦЕНЫ БЫТИЯ

Будет неспокойно во Вселенной
С приближеньем неизбежной бури,
Станешь умолять проникновенно
Господа в космической лазури.
Будешь Глас Животворящий слушать,
Ожидая злобное ненастье,
Истерзав божественную душу
Размышленьем о тщеславной страсти.
«Господи!
       Пошли благословенье,
Укрепи величественно веру,
Силой благородного стремленья
Одолей коварную химеру.
Я пришел с неоспоримой Вестью
Проявиться мыслями святыми,
Где твердят прекрасные созвездья
Гаммами Божественное Имя.
Господи! Дай властное веленье
Светочем Вселенского Начала,
Чтобы истиной миротворенья
Искупленье душу миновало».
…Страшен облик злобного обмана,
Появившийся из ниоткуда.
Воинов отряд у Гефсимана,
И спешит с лобзанием Иуда.
Забежал в садовую обитель,
Сердце во предательской отраве:
«Здравствуй, мой прославленный Учитель!
Я пришел к Тебе, великий Равви!»
Выступит вперед начальник стражи,

Поднимая факел в полумраке:
«Кто из вас Иисус?»
«Я Есмь» — Он скажет,
И отступят дерзкие вояки.
Петр окажет им сопротивленье,
Полоснув ближайшего по уху,
Но Иисус промолвит наставленье:
«Волею Отца предайся Духу!
Суждено мне пить из скорбной чаши
Праведной Вселенскою судьбою,
За грехи бесчисленные ваши
Быть распятым дерзостью шальною!
Но чтобы сидеть Отца одесную,
Искупив людские злодеянья,
Я уже на третий день воскресну,
Исчезая утреннею ранью».
...Яростью немыслимой объяты,
По искрящимся полночным росам
Поведут Тебя теперь солдаты
Прямо к Каиафе для допроса.
На первосвященников удача
Снизошла преддверьями лихими,
Ведь мятежный проповедник схвачен,
Что глаголил мыслями святыми!
Ночь минула.
       В злобной круговерти
Вынесен вердикт Синедриона:
«Богохульник сей повинен смерти,
Преступая истину закона».
А затем, в неистовом кураже
Продолжая скверные деянья,
Отдадут на поруганье страже,
Повторяя злые порицанья.

Долго издевательство продлиться
В этом распалившемся кошмаре,
Будут демонически глумиться:
«Прореки скорее, кто ударил?»
Тяжело Господний путь дается,
Но уже в сознании светлеет.
От Тебя Петр трижды отречется,
Прежде чем петух пропеть успеет.
…Выступит Пилат:
　　　　　«Хочу по праву
Одного я отпустить
　　　　　　на праздник».
Люди заорут:
　　　　　«Отдай Варавву,
А Христа предай жестокой казни!»
В яростном, безумном свете
Дико завопит толпа шальная:
«Кровь Его на нас и наших детях!
Пусть за все ответит, умирая!»
Закипая чувствами лихими,
Сутью демонической науки
На кресте Твое напишут Имя,
И Пилат скорей умоет руки.
«Нет на мне вины, бесспорно,
В этом обхождении жестоком!»
Злобные деяния позорно
Проявились низменным пороком.
Жизненные пагубные грозы
В мире безвозвратно пролетели,
На глаза накатывают слезы,
Обречение ютится в теле.
«Вспомните,
　　как Он лечил вас, люди,

Как чудесно воскрешал умерших...»
«Нет, Ему прощения не будет!» —
Слышатся в ответ ряды насмешек.
Подчиняясь грешному закону,
Излагая яростную ноту,
Крест нести вручают Симеону
(Лучше бы уже Искариоту).
По коварной жизни бездорожью
С криками неистовых гонений
Ты идешь к Вселенскому подножью
Искупать проклятье поколений.
Наступили дьявольские будни.
Видя ужасающие муки,
Нелюди сегодня пополудни
Заколотят гвозди в эти руки.
Тягостных страданий крестовина,
Взятая духовным искупленьем,
Навсегда сольется воедино
Со Вселенским светлым
посвященьем.
А толпа безумная большая,
Наподобье разъяренной лавы,
Вероломность мира совершая,
Приведет Тебя к вершинам славы.
Выражая жизни бесконечность,
Видя судьбоносное движенье,
Ты уйдешь
   в Божественную Вечность,
Одолев земное притяженье.
Но теперь от грешного чертога
Светлый путь наметился к спасенью
Силою величественной Бога
Через мировое Воскресенье!

## У ПИЛАТА

Приблизился греховный пик,
Когда Христа ввели в палаты,
Где воцарился грозный лик
Неумолимого Пилата.
Величественный тронный зал
Сиял неотразимым лоном,
Где Понтий властно восседал
Самодовольным гегемоном.
Исполненный обильем зол,
Взгляд демонический струился...
Христос поближе подошел
К Пилату и остановился.
И созерцал весь мир земной,
Как встретились в блестящей ложе
Правитель ярости лихой
И Сын благословенный Божий.
Здесь разделились Свет и Тьма,
Непримиримые сужденья
В преображениях ума
И жизненные побужденья.
Двумя контрастами везде
Их проявлялись разноличья.
Пред человеком на суде
Стоял сам Бог в своем величьи!
Но пробил судьбоносный час
И, наполняя все палаты,
Прорвался громогласный сказ
Из уст коварного Пилата:
«Ты — Сын Всевышнего — Христос,
Являющий стезю морали?»

«Ты сам изрек, —
            Он произнес, —
Иль так меня тебе назвали?»

*Пилат:*
Ответь, зачем тебя сюда
Мне привели для разговора
И почему так ждет суда
Разбесновавшаяся свора?
Ты за добро страдаешь тут
От низменно коварных братьев,
Которые вовсю орут
Невыносимые проклятья?

*Иисус:*
Всему присутствует черед,
Ведь иссякают в реках воды,
Мрут города, но лишь живет
Бессмертная душа народа.
Всему грядет прискорбный час,
Но, проявляя добродетель,
Я к вам пришел сюда сейчас
Как вечной Истины свидетель!

«Так что есть Истина, Христос?» —
Спросил Пилат и молча вышел.
И в воздухе застыл вопрос.
Плеядами метаморфоз
Ему ответит сам Всевышний!

## СУД

Пришла фатальная пора,
Презревшая стезю морали,
Ведь все, кто прославлял вчера,
Теперь «Распни Его!» кричали.
Безверие рождало спор,
Отвергнув праведное чудо,
Коль от Него отрекся Петр
И предал дерзостный Иуда.
Клеймили злобную печать
Ему один, второй оратор,
И Истину хотел узнать
Неумолимый прокуратор.
Иисус стоял перед судом
Ортодоксальных фарисеев,
Глядя на пагубный Содом,
Оравший, яростью зверея.
Он осознал: не обойти
Стези, дарованной Всевышним,
Чтоб этих грешников спасти,
Молясь сейчас за них чуть слышно.
Всесилием святых пророчеств
Среди бушующей толпы
Стоял величьем одиночеств,
Ловя проклятия судьбы.
Являла злоба соучастно
Безумие коварных свор,
Когда сам сатана всевластно
Ему глаголил приговор.

# КРЕСТНЫЙ ПУТЬ

Есть беснование идей
С порывами мятежной страсти,
Когда возжаждет зло людей
Величья сатанинской власти.
Тогда, фатальною порою,
Приходит смертоносный крах,
Чтобы коварностью лихою
Вершить кощунственно в мирах.

...Как Жизнь, что много лет назад
Брела с Христом
               на казнь к Голгофе,
Надев потрепанный наряд,
Скрывающий духовный профиль.
Реальность искренне хотела
Преображенье совершить,
Ведя измученное тело
Для вознесения души.
Творился безрассудный лад
Неугомонными низами,
Когда Твой светоносный взгляд
С моими встретился глазами.
И я увидел в злую новь
Благословением Вселенной
Животворящую Любовь,
Сиявшую проникновенно.
...Он шел, а сатанинский день,
Являя грешные чертоги,
Ступал в неистовую тень
По демонической дороге.

А я пытался убедить
Людей Всевышнего послушать,
Чтоб покаяньем остудить
Воспламенившиеся души.
Но в гуще яростной толпы
Мои слова безлико стыли,
Как будто светлые мольбы —
Глас вопиющего в пустыне.
Умы пьянил кровавый грех,
Уничтожая чувство страха,
И в душах низменных у всех
Царило сумасбродство Вакха.
Разбушевавшеюся лавой
Творили пагубный излом,
Чтоб в этот день, с зарей кровавой,
Добро померкло перед злом.
Неужто низко пали нравы
И стала праведность пуста,
Что люди выбрали Варавву,
А не блаженного Христа?
Они надменно ждали чуда
Безумием лихих стихий,
И только проклятый Иуда
Спешил замаливать грехи.
Он, в исступлении являясь,
Глаголил покаянный сказ
И, слезно по земле пластаясь,
Просил приблизить смертный час.

Душой главенствуя мирами,
Господь задумал сей сюжет,
Но в распаляющейся драме
Не обойтись ему без жертв.

Мы все в бессмертии пребудем,
Ведь благоденствием основ
Он Сына собственного людям
Дал в искупление грехов.

Христос шагал, глядя окрест
На беснования шальные,
Неся свой деревянный крест
И все мучения земные.
Шел на грехотворящий пир
Благословенною судьбой,
Как будто обреченный мир
Тащил на гору за собой.
А вслед — неистовая свора
Брела кощунственным путем,
Являя низменность позора
Своим коварным бытием.
В неугомонной круговерти
Среди беснующихся лиц
Он восходил в объятья смерти
Спасителем лихих убийц.
С одной молитвой, без одежды,
Шел обреченно одинок,
Тая отверженность надежды,
Которую ничтожил рок.
Он молча шел перед распятьем
В неумолкаемой дали,
Гонимый яростным проклятьем,
Как свет измаянной Земли.
Он в этом Бытии непрошен,
Как Разума Вселенский Гость,
И был в тот день народу брошен,
Как диким псам бросают кость.

Всем было издевательств мало,
Где ликовал коварный бес,
Как будто бы Земля восстала
Безумьем супротив небес.
Их неприкаянные души
Чернил неистовый порок,
И Мироздание послушно
Определяло вещий срок.
Целенаправленным прологом
Читался злодеяний слог,
Но за космическим чертогом
Слагался светлый эпилог.

Предначертанья этой были
Теперь архангелы несут,
И все, кто палачами были,
К Нему взойдут на Высший Суд.
Но благодатью всепрощенья
И справедливостью идей
Восторжествует посвященье
Над нерадивостью людей.
...Последние молитвы Богу
Среди ликующей толпы.
Последние шаги к порогу,
Где ждут позорные столбы.
Где губят, не осознавая,
Стезю вселенского труда,
И рушат, не воссоздавая,
До Мирозданного Суда,
Бредя духовною пустыней,
Законы Разума поправ,
Неумолимо поругав,
Назвав впоследствии — Святыней.

# РАСПЯТИЕ

Он молча высился над всеми
На перекладине креста,
И ждали чуда фарисеи,
Открыв коварные уста.
А стража все играла в кости
На одеяния Его,
И сатана примчался в гости
Стезей проклятья своего.
Христос свои раскинул руки
Распятые и все в крови,
Терпя неистовые муки
С благоговением любви.
Все тело покрывалось дрожью
И застилал туман глаза,
Когда сходило Слово Божье
К неблагонравственным низам.
Над Ним парил Господний Ангел,
И на сандаловом кресте
Его поддерживал Архангел
В миротворящей чистоте.
Смотрел всесилием морали
В богоявлении святом,
Как исполнители стояли
Под возвышавшимся крестом.
Благословеньем посвященья
Среди бушующих стихий
Просил у Господа прощенья
За человечии грехи.

А Бог, величие являя
Своих космических вершин,
Открыл врата святого Рая
Для вознесения Души.

* * *

Терпя немыслимые муки
В грехотворящей круговерти,
Христос свои раскинул руки
В полете от смерти в Бессмертье.

* * *

Светлое Твоереченье сбылось
В этой мирозданной драме.
На кресте проговорил:
　　　　　«Свершилось…»
И завеса разорвалась в Храме!

# ПЛАЧ ПО ИИСУСУ

Снят с креста и горестно положен
Молча на сухую плащаницу...
Тягостно отмучался Ты, Боже,
Принесли Тебя мы во гробницу.
Ароматы смирны и мускуса
Не дадут развиться разложенью...
Все свершилось, как прорек, Иисусе,
Волею святого посвященья.
Тайная эдемская ошибка
Обрела духовные стремленья.
На лице — фатальная улыбка
Эпилогом жуткого терпенья.
Благодать Вселенскую итожа,
Ты явил величие Спасенья.
Все минуло, мой любимый Боже,
Доживем теперь до Воскресенья!
Ты ходил кругами Мирозданья,
Подарив мгновению по чуду,
Претерпев жестокие изгнанья,
Повстречав презренного Иуду.
Знать, такой порыв
         Вселенской Мысли —
Проявлять стремления благие,
В темноте грехотворящей жизни
Изливать сияния святые.
...Вечное является мгновенно,
Словно мировая скоротечность.
Ты лежишь, измаявшись, смиренно,
Выражая Жизни бесконечность.
Заслужил Ты, Господи, такое?

В чем, ответь мне,
          Ты повинен,
Если за деяние святое
Пригвожден был к мощной крестовине?
Ты лежишь, а ангелы Вселенной
Вдохновенно реют, ожидая
Час, когда своей Душой священной
Вознесешься к благодати Рая.
Яростные бесы преисподней
Оказались в праведных овчинах.
Светлый животворный Дух Господний
Проявился в облачных перинах.
Пред Тобою расстилала Вечность
Звездно-лучезарные просторы,
Ты взирал, как радужная млечность
Образует ясные узоры.
Пусть сейчас возносятся послушно
Светлые вселенские моленья.
Про Тебя немыслимо бездушно
Злобные забыли поколенья.
Сбудутся благие прорицанья,
Отразив Божественные сроки.
Вспомнят фарисеи порицанья,
Замолчат лихие лжепророки.
Вечное Прозрение светает
Жизненным духовным кругозором.
Во Вселенной реквием играют
Звезды лучезарным перебором.
Светлыми блаженными веками
Созидаешь мыслями святыми.
Навсегда в миру с учениками
Вечное Божественное Имя.
Ты прости немыслимую дерзость,

Что Твои отвергла провиденья.
Мы проявим истинную верность
Откровенным духом просветленья.
Одолев душевные мученья,
Слова взяв Божественную лиру,
Мы Твое священное ученье
Понесем неласковому миру.
Ты явился благодатью чуда,
Был Тебе итог духовный важен.
Удавился мерзостный Иуда,
И Пилат сейчас обескуражен.
Покаянно встанем на колени,
Припадем к Твоим рукам устами.
Не промолвишь светлых повелений
И не осенишь духовными перстами.
Но когда Ты вознесешься, Боже,
От земли в таинственную млечность,
Не забудь с собою взять нас тоже,
Чтоб Тебе служить святую Вечность.

\* \* \*

Ясным утром рассеется грешная ложь,
Опустеет в далекой пещере,
Ты чудесно воскреснешь
              и мир весь спасешь,
А мы все в Тебя свято поверим.

# ИСКУПЛЕНИЕ

Пролилась благодать небес
На лоно жертвенного мира,
Где Ты божественно воскрес
Душой вселенского эфира.
Здесь вера, в яростную новь,
Взирала, обреченью внемля,
Как лилась праведная кровь
На изувеченную землю.
…Среди космической дали
Являя горестные думы,
Народы толпами брели
Тебе покаяться угрюмо.
В глазах просматривался страх,
Пленяя страждущие души,
И было ветрено в мирах,
Но все же ясно и послушно.
Они брели стезей любви,
За поколеньем — поколенье,
В грязи, пыли, снегах, крови
На тягостное поклоненье.
Являлась нравственность времен
Уничтожающего века
Определением имен:
Изгой,
     Юродивый,
          Калека.
Они спешили проявить
Самоотверженное счастье,
Чтоб покаянно искупить
Неблаговидное участье.

Всех подгонял Вселенский рок,
Вторя коварные упреки,
И в этот жертвенный поток
Вливались новые потоки.
Унылою чредой эпох
Вела их вещая дорога
Смотреть на безупречный слог
Всесотворяющего Бога.
А ветер яростнее выл,
Толкая люд в худые спины,
Чтоб тем, кому хватило сил,
Нести иудины осины.
Они брели толпой большой,
С обетованием нелестным,
Как будто Жизнь святой душой
Ступала мрачным ходом крестным.
Брели, глядя на злую смесь
Разбесновавшейся эпохи,
Забыв неистовую спесь
Под изнывающие вздохи.
Они взойдут сюда в тиши,
Чтоб, как измаянные тени,
С раскаяньем своей души
Пасть на разбитые колени.
Явив греховные изъяны,
Раскрыв духовные объятья,
Они Тебе залижут раны
Лобзанием следов распятья.
Под сумрачно-угрюмым небом,
Вещающим судьбы ненастье,
Они прочтут святой молебен,
Как недопетое причастье.
Глядя безумными веками

На черно-тучевые гроздья,
Они зароют в землю гвозди,
Отбросив пагубные камни.
Благословеньем покаянья
Забыв кощунственную смуту,
Проявят тяжкие страданья
В повиновения минуту.
Мотивом перевоплощенья
Перед лицом
    Вселенской власти
Они попросят о прощеньи
За обезумевшие страсти.
И будет Жизнь исходу рада,
Всепроникающе взирая,
Как человечество из ада
Поднимется
    к вершинам Рая,
А Бог, Бессмертье возвещая,
В круговороте Мирозданья
Вздохнет, возвышенно прощая
Грехотворящее созданье.

\* \* \*

Благословеньем духовных вершин
В коварной мирской круговерти
Явилось величье Вселенской души
Священною силой Бессмертья.

## САНДАЛ И ОСИНА

Где в упоительные дали
Взлетают светлые мечты,
Два старых дерева стояли
Среди Вселенской суеты.
Их бури страшные ломали,
Что в Мирозданьи пронеслись,
И на одном Христа распяли,
А на другом — подлец повис.
Деревья ведь не виноваты
За сумасбродные грехи,
Когда, безумием объяты,
Буяют алчные верхи.
Но лишь под небосклоном синим
Сандал ветвями всех крестил
И ныла жалобно осина:
«Прости, Иисус,
                меня, прости...»

## ПРЕДЧУВСТВИЕ

Когда, духовное разрушив,
Насытится грехами плоть
И уничтожат беды душу,
Которую создал Господь.
Когда безумие уздою
Затянет ярые умы
И демоническою мздою
Восторжествуют силы тьмы,
Когда добро падет к подножью,
Увянет мира красота,
Наполнится сознанье ложью,
Умрет Вселенская мечта.
Когда разумные зачатья
Погибнут в сатанинской мгле
И вседозволенность проклятья
Носиться будет по Земле.
Когда кощунственною новью
Насытится вампир сполна
И терпкой жертвенною кровью
Планета будет вспоена.
Когда земная человечность
Не будет стоить ни гроша
И жизнедейственная вечность
Преобразится не спеша.
Когда благое созиданье
Сничтожит пагубная мысль
И потеряет Мирозданье
Вселенский животворный смысл, —
В тот жуткий день календаря
Исчезнет Время на планете

И станет ясная заря
Фатальным образом на свете,
Где Мирозданным Эпилогом
Вселенской Правды торжество
Сойдет благословенным Богом —
Вторым пришествием Его.

## СУДНЫЙ ДЕНЬ

Приблизился финал Господний,
Итожа действия сполна,
Чтоб разозлился в преисподней
Неугомонный сатана.
Отыграны земные роли,
Закончены навек дела,
И во Вселенском ореоле
Восстали души и тела.
Явились жизненные лица
Проникновенностью своей,
Где жертва встретится с убийцей
Среди Божественных огней.
Воспряли истинные нравы,
Являя справедливый лад,
Чтоб рассудил Бог,
                кто жил правдой,
А кто — в несчастьях виноват.
Кто был душою честен в мире
И кто во лжи коварной жил, —
Он распознает всех в эфире
И скажет, кто что заслужил.
Во временах с местами действий
Являя мирозданный смысл,
Творец покажет им на месте
Всю многоплановую жизнь.
В проникновенном ясном тоне,
Где смешаны душа и плоть, —
Все высветит на вечном фоне
Всесозидающий Господь.
Кто пребывал в духовной сфере,

Согласно правилам игры
В своей благословенной мере
Уйдет в священные миры,
А кто был подлым и коварным —
Тому в аду быть с сатаной,
Гореть в огне, дышать угарной,
Кошмарной серой и смолой.
Вмиг огласит святой Архангел
Всю Мирозданную Судьбу,
И вострубит Господний Ангел
В Апокалипсиса трубу,
И явит мир стезей блаженной
Суть Жизни, излучая Свет,
Оставив в памяти Вселенной
Души неповторимый след.

# ПАСХА

Взошла Луна пред Воскресением
Преображенностью своей,
Явившись светлым посвящением
Среди обители церквей,

Где люд томился в ожидании
Священной миссии души,
Пришедшей в мировые грани
Из жизнедейственных вершин.

Народ пришел для созерцания
Уничтожения греха,
Чтоб оправдались прорицания
Новозаветного стиха.

Слепые с ветхими одеждами,
Являя жизненный разлад,
Усыпали сердец надеждами
Духовный праведный уклад.

В своем отчаянном страданьи
Пришли из мировой глуши,
Чтобы с блаженным покаянием
Молиться на восход Души.

Колокола померкли звонами,
И только хоровой напев
Кружит над светлыми иконами,
Преобразиться не успев.

Взлетает звездными округами
Среди божественной ночи,
Где возвышаются хоругви
Да голос Вечности звучит.

В соборах, загораясь свечами,
Звучат великие слова,
Благое «аллилуйя» певчими
Приветствует лик торжества.

А дуновение весеннее
Щекочет благостно уста,
И пресвятое Воскресение
Определит конец поста.

Духовность воспарит во млечности,
Где в богоявленной тиши
Витают песнопенья Вечности
О вознесении души.

Земля исполнена поклонами
Перед обличием Христа,
Где золоченными иконами
Ютится вера у креста.

В просторе храмовой обители,
Открыв духовные глаза,
Благодарите вы Спасителя
За то, что путь вам указал.

Земля миролюбиво кружится,
Являя новый оборот,
И благодатно удосужится
Свершить пасхальный Крестный ход.

Померкнут звезды над просторами,
Как свечи в чаше алтаря,
Лишь окрестит благими взорами
Миры Пасхальная Заря.

И тишью утренней послушной
В священной благодати грез
На вас с улыбкой добродушной
Светло глядит Иисус Христос!

* * *

У стен воздвигнутого храма
Ты вспомни светлого Христа,
В котором жизненная драма
Вселенской истиной проста:
Кто мир творил духовный, новый,
Величьем праведных идей —
Тот получил венец терновый
От низконравственных людей.

* * *

Когда неугомонный бес
Буянил яростью лихою,
Мессия, волею небес,
Распят был злобою людскою,
Но чудодейственно воскрес.

# ЗАПОВЕДЬ

Не отвергай мечту за то, что
Она теряет вещий смысл,
Фатальною последней точкой
Итожа праведную жизнь.

Благословенною манерой
Твори великие дела,
Чтобы неистовой химерой
Тебя смерть свергнуть не смогла.

Священным жизненным исходом,
Надеясь, веря и любя,
Не возвышайся пред народом,
Тщеславно вознося себя.

Стань проницательностью мира,
Чтобы безумье побороть,
И не ищи в аду кумира,
Когда на небе твой Господь!

Не жажди сатанинских благ
Среди Вселенского чертога,
Будь добродетелен в мирах
Перед лицом святого Бога.

Не будь рабом порочной страсти
Лихой неистовой души,
Не рвись неутомимо к власти
Деянья подлые вершить.

Будь верен в выборе призванья,
Правдив и кроток пред людьми,
Творя всесильем созиданья
Высоконравственной Любви.

И лишь тогда
    стезей дарящей
Придет священная пора
Мистерии животворящей
Проникновенного Добра.

\* \* \*

Наше время — отверженность Бога
Немотой окровавленных губ,
Откровением вещего слога
Через жизни кощунственный сруб.

Нерадивостью всех поколений
Глотки сорваны до хрипоты,
Но не зажили только колени
И не стали светлее мечты.

Наши судьбы —
          божественный оттиск
Обозначенных жизнью имен,
И столетье — прообраз и отпрыск
Проходящих великих времен.

Только вырвется ненависть властно
Из духовных всесильных оков,
Как взовьются пожары ужасно
В мирозданной плеяде веков.

Обозначатся лики знамений,
Наполняя вселенский эфир,
Ограждая стезей отчуждений
Ненасытный пороками мир.

И навалится жуткое бремя
В полоумно-лихой суете,
Чтобы вам осознать в это время,
Как Иисус всех любил на кресте.

## СОЗНАНИЮ

Не проклинай и не кляни
Ни злую тьму, ни бездорожье,
Поверь,
  еще наступят дни,
Когда прольется
               милость Божья!
Неугомонная печаль
Приходит, как стезя Господня, —
Неотразимая вуаль
Благословенного сегодня.
А мирозданные талмуды
Проникновенностью веков
Являют сцены, где иуды
Изображают дураков.
Тебе, рожденному дарить
Любовь божественной отчизне,
Хватает мига сотворить,
Но рассказать —
         не хватит жизни!
Тебе всесилием мечты
Многообразного созданья
Являть идеи Мирозданья
Среди священной красоты.
В судьбе, что тяготы несла,
Хлебнув немыслимого горя,
Дилеммою добра и зла
Ты мир познало поневоле.
Сничтожит благородство вер
Проклятий яростные бритвы.
Возьми священные молитвы,

Сознаньем воспаряя вверх.
Пришла заветная пора
Не горевать, не сокрушаться,
А безвозвратно распрощаться
С наследьем жуткого Вчера!

# НОЧЬ НА КРЕЩЕНИЕ

*(Юродивые на паперти)*

Величие полуночи
Явило счастье праздника,
Чего ж вы ныне сумрачно
Бытуете в отказниках?

Унылостью страдания
Житейской скоротечности
Твердите покаяния
Преддвериями Вечности.

Иль нищенству в лохмотиях
Отверженностью маяться
Да правдою юродивой
В безвыходности чаяться?

Духовность сердобольная!
По городам и весям
Вещаешь колокольнями
В благие поднебесия.

Ты жаждешь светлой верою
Да страстными молебнами
Явиться Божьей мерою,
Желаньями целебными.

С усердием раскаянья
Все обреченье сгинуло,
Но горькое отчаянье
Вас ныне не покинуло.

Под храмовыми арками
Заиндевели мытари,
Глядя на свечи яркие
Над золотыми митрами.

Дырявыми одеждами
Покрыв себя от холода,
С душевными надеждами
Взирают ликом голода.

Сгибаются поклонами,
Прискорбием неволятся,
Пред ясными иконами
Проникновенно молятся.

Духовные источники
Спасения Воскресного,
Где жаждут полуночники
Деяния чудесного.

Горят глазами жалкими
Желанья оскудевшие,
Текут словами жаркими
Причастия прозревшие.

Поникнуть удосужатся
Измаянные головы,
Где покаянно кружатся
Молитвенные говоры.

А им бы неба звездного
Да ломоть хлеба сытного,
Ведь ночь блаженством роздана
Да радостью пропитана.

В желаниях упрятанных —
Душевные терзания,
Ютятся в сумах латаных
Скупые подаяния.

Святого многоструния
Звучание чудесное,
Являет новолуние
Величие небесное.

Отвергнув думы лишние
Духовностью причастия,
Откланяются нищие,
Приняв благое счастье.

Устало перекрестятся
Со вздохами печальными
И с золотистым месяцем
Пойдут путями дальними,

А лучезарностью веков
Из Жизненной Обители
Господь, глядя на путников,
Благословит Спасителя.

# ДУШЕВНЫЙ ДИПТИХ

Пусть полоумье перебесится,
Невероятно согрешив,
Когда серпы июля месяца
Жнут покаяния души.

Я — свет благословенной меры,
Ведь жизнь со мной еще, доколь
В душе преобладает вера,
Превозмогая злую боль.

Мир — суматоха, где окрест
Безумие лихих идей,
Вручающих тяжелый крест
С набором точенных гвоздей.

Народ, возросший в грешных пробах
Под ужаса холодный душ,
Который льется в злых утробах
На камни безрассудных душ!

Я покидаю мир сей бренный,
Вращая Землю, как юлу,
Прошу тебя,
        Господь священный,
Взгляни в космическую мглу,

Где я вселенскою судьбою
У Созиданья на виду
Всепроникающей душою
К Тебе с прозрением иду!

\* \* \*

Бог! Созидая Мирозданье
Священной силой сокровенной,
Преобрази мое сознанье
Неповторимостью Вселенной!

Космическая бесконечность
Благоговением налита,
Когда Божественную Вечность
Возносит светлая молитва,

Когда прискорбностью звучания
Немыслимо фатальных фраз
Ютится горькое отчаянье
В безверьи обреченных глаз.

Непререкаемо опять
Благословением сознанья
Услышу дерзкое: «Распять
Божественное Мирозданье!»

Постойте, звери, дайте роздых
Тому, кто злобой не убит,
Как серебристый лунный фосфор
В бездонном озере обид.

Бегу из проклятого мира,
Коварность жизни сокрушив,
Туда, где в красоте эфира
Сияет Храм Святой Души.

Бегу, с реальностью не споря,
В плеядах страждущих ночей,
С мутнеющей слезинкой горя
На щеках плачущих свечей.

## УБЕЖДЕНИЕ ДУШИ

Мне никогда не стать холопом,
Лжецом, ничтожным подлецом,
Творящим низменные тропы
Перед Божественным Истцом.

Мне никогда не быть убитым
Безверьем страждущей крови,
Вселенским ликом позабытым,
Без вдохновенья и любви.

Не жить духовною пустыней,
Приходом без молитв людей,
Натурой, что без чувства стынет,
И созиданьем без идей.

Наполнив светлое сознанье
Потенциалами основ,
Я оставляю вам изданье
Духовной мудрости веков.

И если прорастут страницы
Благословением речей,
Я воспарю Господней птицей
Над беснованьем палачей.

Но мне судьбы другой не надо,
Ведь я душою неспроста
Творю от низвержений ада —
До вознесения Христа.

# БОЖЕСТВЕННОЕ

Летел метеоритный шквал
В Галактике большой,
Где я благословенья ждал
Измаянной душой.
Я так Всевышнего просил
Послать знаменье мне
Терзанием насущных сил
В чужбинной стороне.
Среди космической дали
Плеядою святой
Ко мне три ангела сошли
Духовною тропой.
Их был величественный вид,
Божественный — наряд.
Я попросил от всех обид
Явить словесный лад.
Один был ясно-золотой,
Как многоликость звезд,
Он лучезарною мечтой
Открыл красоты грез.
Сказал прискорбно:
            «Этот мир
Взрастает на крови,
Где процветает грешный пир
Отсутствием любви.
Его духовно создал Бог,

Но человечья суть
Сумела в дьявольский чертог
Неистово свернуть».
Второй был благостен в ночи,
Как тысячи лампад,
Вручив священные ключи
От Судьбоносных Врат.
Промолвил тихо: «Сатана
Невероятно зол,
Его премудрость не страшна,
Хоть дерзостен глагол.
Тщеславно он покинул нас,
Предав Вселенский Свет,
Перечеркнув в порочный час
Божественный Завет».
А третий молвил:
    «Божья дверь
Для вас сотворена,
Всегда неутомимо верь
Блаженностью сполна.
Животвореньем в ясный час
Преобладает Бог,
Когда приходит светлый Спас
В блистательный чертог».
И в то мгновение за ним
В пылании комет
Явился благодатный нимб,
Венчающий Рассвет.
Промолвил я:
    «Спасибо вам

За вещую красу!
Крест Веры
      в Мирозданный Храм
Священно донесу!
От созиданья моего
Божественный эфир
Проявит Правды торжество,
Преображая мир».

# ИЗГНАННИК

В безверья сумасбродную пору,
Где злоба изощряется подложно,
Я не желал кощунственно ничтожно
Беситься на неистовом пиру.

С вершин высоконравственной мечты,
Величьем духа из Сознанья царства
Я наблюдал за крахом Доброты
И торжеством безумного коварства.

В смятении неблаговидных дней
Я истину искал и заблуждался,
Горел неутомимостью своей
И милостью Господней наслаждался.

Я верой обреченье сокрушил,
Душой стоя у раздорожья жизни,
Глядя на мир, который нагрешил
Чредою войн и ненавистью мысли.

Всесильем благоденственной крови
Из разума Вселенский свет исходит
Искателем Божественной любви,
Века мечтавшим о свободе!

И может быть, на свой порог,
В Обитель Счастья, жизненным исходом,
Того, кто беззаконно изгнан был народом,
С улыбкою священной примет Бог!

# СУДЬБА

Моя вселенская судьба —
Всевластьем сана,
Свобода беглого раба,
Стезя изъяна.
Родник живительной воды
Среди пустыни,
Свет благоденственной звезды
С небес святыни.
Мечта космических путей
У озаренья,
Благословение идей
От посвященья.
Безмерность жизненных утрат
Среди расправы
И прозябание у врат
Великой славы.
Благообразье Бытия
В аду порочном,
Непримиримость забытья
В миру полночном.
Любви осмысленная суть
Всесильем слога,
Надежда хоть когда-нибудь
Увидеть Бога!

# КРИК ДУШИ

Зачем мне дан жестокий век
В животворящем поднебесьи?
О Господи! Устрой же мне побег
Из сумрачного мракобесья!

О Господи! Услышь из злой толпы
Духовный голос, полный боли,
Терзаниями страждущей судьбы
Кошмарной человеческой неволи.

О Господи! Дай мне стерпеть,
Взирая, как казнят на плахе друга,
И, век прожив, душой не зачерстветь
Среди порочного лихого круга.

О Господи! Услышь меня, молю,
В последнем жизнедейственном оплоте,
Когда предсмертное «тебя люблю»
Я прохриплю стране на эшафоте.

Пусть окаянно зло произнесет
Свой приговор, судьбу мою ничтожа,
И если этим мир себя на миг спасет,
То пусть казнит меня,
               о праведный мой Боже!

# ПОКАЯНИЕ

Боже, это я к Тебе в святую рань
Пришел с благословенною молитвой,
Устав от грехотворных ран,
Нанесенных кощунственною битвой.
Тебя о милости я раньше не просил
Измаянным благоговеньем Веры,
Но лишь теперь, с усердиями сил,
Молю стенанием душевной меры.
Да, в бесновaньи сатанинских дней
Являя грешное начало мира,
Пылал я в ненасытности своей
Всесильем грешного кумира.
Я видел окаянный страх
Коварно-сумасбродной новью,
Когда на жертвенных кострах
Всевластье пресыщалось кровью.
Прости, Господь,
                юродив дух во мне,
Да и душа — несчастная калека,
И на моей бичеванной спине
Расписано кнутом проклятье века.
Но все же, ожидая Высший Суд,
Покинув мира яростную битву,
Священным ликом чувства вознесут
К Тебе последнюю сердечную молитву.

## ИСПОВЕДЬ СВЕЧИ

Мой краток век да лучезарна память,
Которая божественно жива.
Я зажигаюсь теми,
                кто, уставши падать,
Пришел услышать вещие слова.
Где радостным бессмертием пребудем —
Там светится миротворящий миг,
Что озаряет чувства
                верующим людям
Во тьме путей таинственных земных.
В соборах, храмах городов и весей
Жива я благочестием одним,
Как ясный свет Господних поднебесий,
Добра святого окрыленный нимб.
Что в сущности моей
                осмысленно сгорает
Во славу жизни,
                правды торжества,
То посекундно страстно оплавляет
Плоть мягкотело-воскового естества.
Ведь долг мой — полыхать послушно
В своем богообразии святом,
Вселяя веру,
              исцеляя душу
Всеочищающим огнем.

# СТАРЫЙ ЗВОНАРЬ

Развеяв пагубную хмарь
Своей измаянности горькой,
Торжественно идет звонарь
Будить заспавшуюся зорьку.
Потупив мрачный взгляд очей
В церковном полумраке вечном,
Он ищет путь огнем свечей
С преображеньем бесконечным.
Давно оставил он приют
Житейских страстных наслаждений,
Найдя божественный уют
Среди духовных побуждений.
Благословенностью святой
Он сердцем чист
              и мыслью волен,
И просветленною душой
Звонит с высоких колоколен.
Он в жизни видел много зол,
И потому лишь ежедневно
Являет праведный глагол
Набатно,
       радостно, напевно.
Забыв негодованье слов
И жизни суету пустую,
Он вник в язык колоколов,
Как в неба музыку святую.
Он не познал любви людей
Своей душой, но понемногу
Приблизился к мирам идей,
Внемля Божественному слогу.

Проходят медленно часы,
Чтобы фатальною минутой
Земного бытия весы
Наполнились житейской смутой.
И, проводив благую сень
Вселенским звездным небосклоном,
Он завершит прожитый день
Малиновым вечерним звоном.
Уйдет, чтоб мыслить одному,
Покинув суету мирскую,
К благоговенью своему
Вникая в Истину святую.

# ИКОНОПИСЕЦ

Духовной силою велик,
Глубинным мирозданным смыслом,
Рождается священный Лик
Порывом просветленной мысли.

Сознанья благоверный труд
Вселенским выраженьем Бога
В твореньях, что всегда живут
Бессмертьем праведного слога.

Он знает каждую деталь
В Его портретном совершенстве:
Изгиб бровей, души печаль
Сквозь взор в задумчивом блаженстве.

Творя церковную икону,
Он чувствами горит над ней,
Придав мечтой объемность фону
Контрастами светотеней.

Наполнив жизненную суть
Безмерной силой вдохновенья,
Великолепьем посвященья
Творит благословенный путь.

А полуночный монолог
Преображает бесконечность,
Где истинно творящий Бог
Душой запечатляет Вечность.

## СТАРЫЙ МОНАСТЫРЬ

На перекрестке жизненных дорог,
Где небо простиралось светлой далью,
Был монастырь,
               и лишь чертополох
Порос вокруг щемящею печалью.
Померкли безысходно купола,
Осыпались божественные лики,
Сничтожились бедой дотла
Все устремления надежд великих.
Смотрел он сумрачно один
На этот край
              полузабытый —
Великолепный исполин,
Людьми безумными разбитый.
Хранил он голоса молитв
И лики праведников старых,
Припоминая годы битв,
Когда буяли здесь татары.
Он вспоминал те времена,
Являвшие шальные страсти,
Что изменяли имена
Правленья сумасбродной власти.
Как попирали сущность вер
Шальною злобою подложно,
Всесилием лихих манер
Буяя алчностью ничтожно,
Как наступил опальный час,
Совсем опустошивший души,
Когда сожгли великий Спас
И всем закрыли рты и уши,

И как стал сущностью своей
Полуразрушенной светлицей,
Живущей в памяти людей
Истории благой страницей.
Ему б молитвенную страсть
Являть божественно на воле,
Чтоб не ходила злая власть
На окровавленное поле,
Чтоб огрубевшие сердца
Благословением манеры
Нашли духовного Отца
В величии Господней веры!
Забытый, старый монастырь —
Божественным чудотвореньем
Стоит один на весь пустырь,
Счет не ведя лихим мгновеньям...
Лишь мирозданная лазурь
Глядит на сущность сердобольно,
Где литургия зимних бурь
Звучит уныло в колокольне.

# ПРОРОЧЕСТВО

Сквозь годы низменных измен,
Что пролетели несусветно,
Когда-нибудь для нас заветно
Настанет время перемен.

Замолят люди тяжкий грех
И, отвергая иноверца,
С предначертаньем новых вех
Зажгут свою лампадку сердца.

Они откроют в душу двери —
Христа коварные враги,
Чтоб за неистовость безверья
Отдать духовные долги.

Иконы в церкви занесут,
И всех святых, вчера опальных,
Попросят, как Вселенский Суд,
Простить отступников кабальных.

Стезей прозренья своего,
Увидев Истины ученье,
Пусть просят милости Его
За годы умопомраченья.

Ведь сколько сумасбродных лет
Твердили все тщеславным смыслом
О том, что жизненный рассвет
Наступит только с коммунизмом.

Пусть в эру злого отчужденья
Судьбой Божественной, благой
Пребудет духа возрожденье
Миротворящею стезей,

Чтобы по селам, городам,
По тюрьмам, зонам, поселеньям
Назло отверженным годам
Явиться жизненным спасеньем.

Когда утихнет злая битва
И Правда сбросит плен оков, —
Да зазвучит из тьмы веков
Благословенная молитва.

## МОЛИТВА ДУШИ

От вероломства пагубных идей
Освобождаемся мы понемногу,
Преображаясь сущностью своей,
Вернувшись к истинному Богу.

За муки, что дарованы судьбой,
И всех людей,
          что жаждут очищенья,
За Землю всю своей мольбой
Прошу я Твоего прощенья.

Пусть сделано немало бед
И преступлений вне закона
В стране, где много скорбных лет
Висела жуткая «икона».

Пусть в человеческой душе
Среди греховного чертога
Добро со злом на рубеже
Идут извечною дорогой.

Среди космической дали
Благословеньем посвященья,
Услышь, помилуй и прими
Отчаянные откровенья.

Пыланьем вещего огня
Благоговеющего дня,
За живших всех в прискорбный час
И тех, кто будет после нас,
Себя во всех грехах виня,
Господь святой!
          Прости меня!

# БЛАГОСЛОВЛЯЮ...

Благословляю дух стихов своих,
Божественную Истину несущих,
Благословляю Вечностью живых,
Ушедших в Лету и грядущих.

Благодарю Космическую Ось
За то, что Мир Вселенский обернется,
Всех тех, с кем тяжко горевать пришлось,
И тех, с кем встретиться
                        на небесах придется.

Благодарю свою судьбу на рубеже
Духовного пророческого слога
За светоч творчества в измаянной душе —
Бесценным даром любящего Бога.

Благодарю, Земля, за смутный час,
Где жизнь, лихой фатальностью балуя,
Является стезей надменных фраз
Среди чреды продажных поцелуев.

Благодарю, страна, приверженность твою
К предательству друзей и горю близких,
Благодарю за то, что я в неласковом краю
Извечно находился в «черных» списках.

Благословляю творческих людей,
Несущих миру мудрые стремленья,
За свет высоконравственных идей
Всесилием святого посвященья.

Благодарю Всевышнего Лицо
За озарение в бессмысленной разрухе
Среди коварно низменных лжецов
И всех возросших
                во Вселенском Духе.

Благодарю космический эфир,
Наполнивший пытливое сознанье,
Изгнавший гениев коварный мир
И с Жизнью краткосрочное свиданье.

Благословляю искренность ночей,
Где Вечности насущные мгновенья
Стезями поэтических речей
Дарили мне святые откровенья.

Благодарю Божественную суть,
Дающую духовное спасенье,
Начертанный судьбой Вселенский путь,
Земной итог и Воскресенье!

# СОДЕРЖАНИЕ

**Предисловие** .................................................. 7

**Лики истории** ................................................. 11

«Алела Вечности Заря…» ................................. 13
ТОРЖЕСТВО ЗЛА ........................................... 15
ЗАВОЕВАТЕЛЬ ............................................... 26
МАКЕДОНСКИЙ .............................................. 28
РИМ ............................................................. 30
ЦЕЗАРЬ ......................................................... 31
КЛЕОПАТРА ................................................... 33
КАЛИГУЛА ..................................................... 36
НЕРОН .......................................................... 40
ПЕРЕД ПОЕДИНКОМ ....................................... 43
БОЙ ГЛАДИАТОРОВ ........................................ 44
СПАРТАК ....................................................... 45
ПОБЕГ РАБОВ ................................................ 47
ПАДЕНИЕ РИМА ............................................. 49
КНЯГИНЯ ОЛЬГА ............................................ 50
КРЕЩЕНИЕ РУСИ ........................................... 52
АЛЕКСАНДР НЕВСКИЙ .................................... 54
ЧИНГИСХАН .................................................. 56
БАТЫЙ .......................................................... 62
ДМИТРИЙ ДОНСКОЙ ...................................... 80
СЛОВО ДМИТРИЯ ДОНСКОГО .......................... 83
КУЛИКОВСКАЯ БИТВА .................................... 85

| | |
|---|---|
| ЖАННА Д'АРК | 87 |
| ИОАНН ГРОЗНЫЙ | 92 |
| НА СМЕРТЬ ИОАННА ГРОЗНОГО | 95 |
| БОРИС ГОДУНОВ | 96 |
| ПЕТР I | 98 |
| ПЕТРУ I | 101 |
| ЕКАТЕРИНА ВЕЛИКАЯ | 102 |
| СУВОРОВ | 105 |
| СТЕПАН РАЗИН | 109 |
| ЕМЕЛЬЯН ПУГАЧЕВ | 113 |
| СЛОВО ЕМЕЛЬЯНА ПУГАЧЕВА | 118 |
| ИВАН БОЛОТНИКОВ | 121 |
| БОЯРЫНЯ МОРОЗОВА | 123 |
| ФРАНЦУЗСКАЯ РЕВОЛЮЦИЯ | 127 |
| КУТУЗОВ | 128 |
| НАПОЛЕОН *(Монолог I)* | 130 |
| НАПОЛЕОН *(Монолог II)* | 132 |
| «Сгорбленные спины...» | 136 |
| ТОРЖЕСТВО ПРАВДЫ | 137 |
| ЭРА ЗЛА | 139 |
| СМЕРЧ РЕВОЛЮЦИИ | 144 |
| НИКОЛАЙ II | 147 |
| ИДЕЯ ВЛАСТИ | 149 |
| 1918 ГОД | 152 |
| БЕЛЫМ ОФИЦЕРАМ | 153 |
| «Как мне понять тебя, Россия...» | 154 |
| «Благая Русь — в года лихие...» | 156 |
| «Всевластие стальным взирает дулом...» | 158 |
| ПАМЯТИ 1933 ГОДА | 160 |

| | |
|---|---|
| «Вновь обречение и холод…» | 161 |
| ПАМЯТИ 1937-го | 162 |
| «…Ведь когда ты с работы устало идешь…» | 163 |
| ПОСЛЕДНЯЯ ИСПОВЕДЬ | 164 |
| «Время неукоснительно судит…» | 167 |
| «…Ведь когда пожелают твои палачи…» | 167 |
| «Кто раздвинет нам слабые веки…» | 168 |
| ГРАНЬ | 169 |
| ПЕРЕД ПОБЕГОМ | 170 |
| ПОБЕГ | 171 |
| БЕГЛЕЦ | 173 |
| СТАЛИН И БЕРИЯ | 175 |
| ПРОТИВОСТОЯНИЕ | 178 |
| АДОЛЬФ ГИТЛЕР | 183 |
| ОСВЕНЦИМ | 187 |
| БЛОКАДА ЛЕНИНГРАДА | 190 |
| ПЕХОТА | 192 |
| ДЕТИ ВОЙНЫ | 196 |
| ПОБЕДНОЕ… | 198 |
| БЕЗВЕСТИ ПРОПАВШИМ… | 199 |
| АМНИСТИЯ 1953 ГОДА | 200 |
| ЗА ЧЕРТОЮ НИЩЕТЫ | 202 |
| РОДИНЕ | 203 |
| ПИТЕРСКИЙ НАБРОСОК | 204 |
| ВОЗВРАЩЕНИЕ | 205 |
| «Пусть коварностью скручены руки…» | 206 |
| «Как на Красной Площади могильный ряд…» | 207 |
| «В нашем мире, где краски смазаны…» | 208 |
| РОДИНЕ | 210 |

ПОРТРЕТ РУСИ ............................................. 215
ОТРЕЧЕНИЕ или ИСХОД ИЗ АДА ..................... 243
«Духовностью озарена…» ................................. 259
РУСИ… ............................................................. 260
ПАМЯТЬ ........................................................... 276
ИЗГОЙ .............................................................. 279
ЭМИГРАНТСКИЕ СТАНСЫ ............................. 281
СТАНСЫ ........................................................... 283
ВОЗВРАЩЕНИЕ НА РОДИНУ ......................... 284
ВОЗВРАЩЕНИЕ ПОЛИТЗАКЛЮЧЕННЫХ ........ 286
«Обреченно сейчас наболело…» ..................... 288
РУСИ ................................................................ 289
ПОКАЯНИЕ ...................................................... 290
ИСПОВЕДЬ АФГАНЦА .................................... 292
ПАМЯТИ АФГАНИСТАНА ............................... 295
ВОЗВРАЩЕНИЕ ИЗ НЕБЫТИЯ ....................... 297
КОНЕЦ XX СТОЛЕТЬЯ .................................... 298
ПОСТСКРИПТУМ ............................................. 301

## Путь к истине ............................................. 301

НАПУТСТВИЕ .................................................. 303
БЛАГОСЛОВЕНИЕ ........................................... 304
ВЕТХИЙ ЗАВЕТ ............................................... 307
КАИН ................................................................ 309
ВЕТХОЗАВЕТНЫЙ СЮЖЕТ ............................. 310
ФИНАЛ СОДОМА И ГОМОРРЫ ...................... 311
ДОЧЕРИ ЛОТА ................................................ 312
АВРААМ ........................................................... 314

ПРИШЕЛЬЦЫ ИЗ ХАНААНА ............................. 316
МАТЬ МОИСЕЯ ............................. 317
ИСХОД МОИСЕЯ ............................. 319
БОГ – ЕВРЕЙСКОМУ НАРОДУ ............................. 322
В ПУСТЫНЕ ............................. 323
СЛОВО ВСЕВЫШНЕГО ............................. 324
ВАВИЛОНСКОЕ ПЛЕНЕНИЕ ............................. 326
НОВЫЙ ЗАВЕТ ............................. 328
ВОЛХВЫ У ИРОДА ............................. 330
РОЖДЕСТВО ............................. 331
МИМОЛЕТНАЯ ВСТРЕЧА ............................. 348
ПУТЬ МЕССИИ ............................. 350
ИСКУШЕНИЕ В ПУСТЫНЕ ............................. 352
СЮЖЕТ... ............................. 355
ХРИСТОС — САМАРЯНКЕ ............................. 356
ИИСУС И МАГДАЛИНА ............................. 357
НАГОРНАЯ ПРОПОВЕДЬ ............................. 358
ИИСУС — ФАРИСЕЯМ ............................. 362
ТАЙНАЯ ВЕЧЕРЯ ............................. 363
ИИСУС — УЧЕНИКАМ ............................. 364
НЕГОДОВАНИЕ ФАРИСЕЕВ ............................. 365
ИУДА ............................. 366
СЦЕНЫ БЫТИЯ ............................. 369
У ПИЛАТА ............................. 373
СУД ............................. 375
КРЕСТНЫЙ ПУТЬ ............................. 376
РАСПЯТИЕ ............................. 380
ПЛАЧ ПО ИИСУСУ ............................. 382
ИСКУПЛЕНИЕ ............................. 385

| | |
|---|---|
| САНДАЛ И ОСИНА | 388 |
| ПРЕДЧУВСТВИЕ | 389 |
| СУДНЫЙ ДЕНЬ | 391 |
| ПАСХА | 393 |
| «У стен воздвигнутого храма…» | 396 |
| «Когда неугомонный бес…» | 396 |
| ЗАПОВЕДЬ | 397 |
| «Наше время — отверженность Бога…» | 399 |
| СОЗНАНИЮ | 400 |
| НОЧЬ НА КРЕЩЕНИЕ | 402 |
| ДУШЕВНЫЙ ДИПТИХ | 405 |
| «Бог! Созидая Мирозданье…» | 406 |
| УБЕЖДЕНИЕ ДУШИ | 407 |
| БОЖЕСТВЕННОЕ | 408 |
| ИЗГНАННИК | 411 |
| СУДЬБА | 412 |
| КРИК ДУШИ | 413 |
| ПОКАЯНИЕ | 414 |
| ИСПОВЕДЬ СВЕЧИ | 415 |
| СТАРЫЙ ЗВОНАРЬ | 416 |
| ИКОНОПИСЕЦ | 418 |
| СТАРЫЙ МОНАСТЫРЬ | 419 |
| ПРОРОЧЕСТВО | 421 |
| МОЛИТВА ДУШИ | 423 |
| БЛАГОСЛОВЛЯЮ… | 424 |

WWW.SVAROG.NL

www.ingramcontent.com/pod-product-compliance
Lightning Source LLC
Chambersburg PA
CBHW042357070526
44585CB00029B/2962